ちくま文庫

旅の理不尽

アジア悶絶篇

宮田珠己

筑摩書房

目次

はじめに

旅とは何か。

それは、とても深い問題である。あまりに深く難しいため、旅は人生であるとか、試練であるとか、出会いとか、めぐり会いとか、メグ・ライアンとか、いろいろ言われているが、その真相は謎のままだ。

さて、私は、名もない一介の素敵なサラリーマンに過ぎない。この本は、私が夏期休暇やゴールデンウィーク、年末年始休暇のほか、会社員として当然の権利である有給休暇を取得したり、その他当然じゃない権利もいろいろ取得したりして出掛けた旅の記録である。

これらの旅で、私は旅の持つ意味について深く考察したわけだが、上司に、「何考えてんだ、まったくこの忙しいのに」と、旅の奥底に隠された真の意図を尋ねられることもしばしばであった。一般の人々の旅問題への関心の高さがうかがえるエピソードだ。しかし、それは哲学的な問題でもあり、いくら私が知的な好青年であるといっても、簡単に答えられるものではない。上司にはぜひこの本を買って思索を深めてほしいと願う。特に、一度に三冊以上買って友人知人に配ると一層思索が深まるので、読者も試してみるといいだろう。今は迷ってないで、思い切った行動が吉だ。そんな積極的なあなたには、思わぬ異性からの告白も。週末は注意力が散漫になるので怪我に気をつけて。【幸運の鍵】ヘルメット

旅の理不尽——アジア悶絶篇

そんなんじゃやだめだ

熊男

（トルコ）

昔、一文字隼人はブラジルに飛んだが、私は五年前トルコへ飛んだ。

ここで一文字隼人と私の関係については、残念ながら極秘事項であり、触れるわけにはいかないが、私は二月のある日イスタンブール空港に到着した。イスタンブールといえばアジアとヨーロッパの境目、文明の十字路とも呼ばれ、人は歴史と文化に彩られたエキゾチックな街並みを思い浮かべるであろう。

甘い。排気ガスで煤けた灰色の街だ。

宿を探しながら歩いているとバスターミナルに出、もう夕方だったのでホテル探しも面倒になり、そのまま、まさに今発車して三メートルぐらい走ったところの夜行バスを止めて乗ってしまった。行先はエフェスといって、エーゲ海最大の遺跡群の眠る街だ。ちょうど日本人学生らしい男子が一人乗っていて、「地中海を回ってカッパドキアですか、よくあるパターンですね」と馬鹿にしたように言った。そのくせ自分は、「どうしても人がカッパドキアへ行けというもんだから」と言う。ええかっこゆうなアホンダラ、と言いかけたが、小さなことにかかずらって、ひょんなことから極秘任務を帯びている私の正体がバレては元も子もないので、無視して最後尾の自分の座席に座った。

まわりのトルコ人に、私はエフェスで降りますエフェスったらエフェスですよ、と宣伝しておいたので、着いたらきっと親切なトルコ人が教えてくれるだろうと思っていたら、終点のクシャダスまで行ってしまった。

折り返してエフェスで降りると、観光シーズンでも何でもなかったため町は閑散としており、たった一人映画俳優ばりのハンサムで濃い兄ちゃんが、私に向かってトコトコ歩いて来た。いきなり、

「オオッ、ムスタファじゃないか。俺はタローだ。よく来たなムスタファ」

と言う。

私はムスタファじゃないので、放っておいて歩きだすと、

「ムスタファ、いい部屋があるぞ、一万リラだ。とてもきれいな部屋だ」

と並んで歩きながら言う。

「おいムスタファ、返事をしろよ。友だちじゃないか。本当にいい部屋なんだぞ。一万リラじゃ不満なら五千リラでいいぞ。どうだムスタファ」

五千リラか。うむ、それならムスタファとしても異存はないと思い、そこへ案内してもらうが窓が小さくて暗い部屋だったので、やっぱりやめた。

さて、そのまま町はずれに向けて適当に歩きだしたが、車はおろか人影すらほとんどなく、まったくこの町はゴーストタウンのようだと思っていたら、踏み切りの反対

側からゴツゴツした岩のような顔の男が歩いて来た。そのまま真っすぐこっちへ来て、うちのペンションに泊まらないかと言うので、他にあてもない私はついて行くことにした。

男はエブラヒムといい、

「イボーと呼んでくれ」と言った。

なるほどそんな顔だ。

「私はムスタファだ」と言うと、

「オオッ、それはトルコ人の名前じゃないか。お前はトルコ人なのか」

と聞くので、

「ふむ、これには深いわけがあるのだ」

と物憂い表情で遠くを見つめながら答えた。イボーはしばらく考え込み、そうかお前もいろいろと苦労をしているのだなという神妙な顔になって、うちは四千リラでいいからな、と勝手に自分で値切った（若干脚色）。

イボーのペンションは町を見下ろす丘の上にあり、私はこの男が経営しているのだと思っていたが、経営しているのは両親で、イボーはまだ二十二歳の学生だということだった。私はてっきり四十ぐらいかと思った。妹がヌリフェルといって十七歳。これはてっきり弟だと思った。

夕方になると兄妹は、学校へ通う。

ヌリフェルが一緒に学校へ行こうと誘うので、これはこれはなかなか友好的な旅になりそうではないか、「ニイハオ、トルコの学生のみなさん、私は日本から来たムスタファです、シェイシェイ」となぜか中国語で予行演習しつつ、教室のヌリフェルの隣の席に座った。

ところが、ヌリフェルは私を誰に紹介するでもなく、教科書を開いて、英語の宿題をやってくれと言う。そのうち先生が生徒をあてはじめ、だんだんヌリフェルの番が近づいてきた。ヌリフェルは席を数えて、ちょうどこの問題があたると見当をつけ、答えを横に書いてくれ、とせがむ。見れば関係代名詞じゃないか。この私にできるわけないだろう。

いかん、ここは教育者として厳しく注意する必要がある。いいか、私は関係代名詞thatの謎を解きにトルコに来たのではないぞ、私の任務は極秘事項でありここでは言えないが、実は非常に重要な、こらヌリフェル聞いてんのか。

「ヌリフェルの隣の君、静かにしなさい」

な、なぜそうなるのだ。何で私が先生に怒られなければならないのか。

「そうだな、ついでにその問題に答えなさい」

と、先生はさらに私を指名するではないか。何がついでなのか。納得いかんぞ。納得いかんけれども、この場はひとまず穏便に立ちあがり、軽く宿題に答えてやった。さすがに先生も見慣れない闖入者に気づいたのか、驚いてちょっと考え込むような顔をした。

それ見たことか。今はこんな場所に身をやつしてはいるが、私はもともとはVIPと言っていいほどの人物であり、トルコ人教師の宿題に答えてやる義務などないのである。私がこのような寛容で情け深い人間でなかったら、今頃はこの事件を発端として日本トルコ両国の関係は重大な危機に陥っていたであろう。やがて反省したのか、先生は言いにくそうに口を開いた。

「少し間違っているね」


学校で、イボーの友人シズギンを紹介され、男三人で遊びに行こうということになった。この町にはビルなどほとんどなく、繁華街らしいものもない。夜になると結構真っ暗である。その街路を三人でただ歩く。町の若者たちは、夜になってもすることがないので、あり余る青春を散歩で紛らしているようだ。ぐるぐる歩いていると、何度も同じグループに出会った。よう、と挨拶して通り過ぎ、また同じ連中に出会って今度は目で合図だけして通り過ぎ、またまた出会ったときには、もう挨拶もしなかった。

「俺の彼女のうちに行こう」

とイボーが言い出し、退屈しかけていた私は、おお、面白そうだ、何か新しい事件とか起こるかもしれん、と内心喜んだ。

彼女の家は丘の途中にあり、門から中を覗いたイボーが、

「あそこが彼女の部屋だ」

と指さす。明かりが点いていた。呼び出すのかと思っていたら、イボーはそのままその場を歩き去る。それだけか、イボー。

私は彼女の部屋の明かりを見て、なんだかしらないが深くうなずいただけだった。まったく意味のない散歩である。

「俺は彼女とキスしたことがある」とイボーは悪ぶって言う。

「僕はキスしようとして殴られた」とシズギンは照れた。

「キスだけか」と私が聞くと、

「トゥクトゥクはまだだ」とイボーは答えた。

「俺たちはムスリムだから、結婚前にトゥクトゥクできないのだ」と残念そうだった。

「どうしてもトゥクトゥクしたくなったら、クシャダスへ行って、金を出してやるのだ」とシズギンは言って「でも、あそこの女は頭まで入ってしまうんだ」と謎なことを言った。

「どうだ、お前の金でクシャダスへ行かないか」

イボーが、それはそれは素晴らしい思いつきのように言ったが、なんで私の金なのだ。甘えてはいけない。

エフェスは、このぐらいで勘弁してやり、私はイボー、シズギン、ヌリフェルらと別れてカッパドキアに向かったが、そのへんの話は飛ばす。核心はイスタンブールにある。では、エフェスは一体何だったのだ、という声もあろうが、そうそう一筋縄ではいかないから、旅は理不尽なのだ。


イスタンブールに戻ったのは、二月も末の春うら若い乙女の涙およよおよよ、何をいってるのか自分でもわからないが、ホテルモラへ荷を解いた。日本人溜まり場ホテルである。ここで、同室の日本人旅行者から旅の情報を仕入れるのだ。

望月君は言った。（注・望月君は知らない人）

「宮田さんは、イスタンブール初めてですか？」

「ええ」

「ここでは、熊男に気をつけてください」

「熊男？」

「そう、熊男です」

なんだ、それは。全身が熊で、右手の爪がガッキと長くとんがっていて、ふっふっふ飛んで火に入る夏の虫とはこのことだ仮面ライダー、俺の必殺技受けてみよ。

「それは怪人ですか」

「出会えばわかります」

謎だ。

「ところで宮田さん、映画好きですか。僕は結構うるさいんです。日本にいるときは毎日のようにビデオ借りてたぐらいですから」

「はあ、そうですか」

「最近すごくいいのを見つけたんです。結構マイナーなんですけどね。知ってますか『ニューヨーク東八番街の奇跡』って。知らないだろうなあ。凄くいいんですよ、これが」

「はあ」

望月君も謎である。スパイかもしれない。

私は熊男の襲撃に細心の注意を払いながら、夜の町へ出た。映画館に向かう。なんとなく映画の話が出たので、ここはひとつトルコの映画事情について鋭い洞察を働かせようと思ったのだ。昼間からポルノを上映している映画館があったので中に入る。

中は男たちでいっぱいだった。スクリーンには薄いネグリジェみたいなのをまとった半裸の女がひとり映っていて、なんだか音楽にあわせて腰を振っていた。特別そそる場面には思えなかったが、観客の男たちは大騒ぎである。その騒ぎようが尋常ではなかった。あちこちでピーピー口笛を吹き鳴らし、叫びながら拳を振り上げているようなのもいる。

それが、しばらくして画面が変わりおっさんが何か喋っている絵になると、今度はブーイングの嵐になった。おっさんは半裸の女の直後に出たばっかりに憎まれ役である。映画での役どころは関係ない。出る順番で嫌われたのである。

やがてまた同じ女が踊る場面に戻り、場内は歓声に沸き返った。そしてまた喋るおっさんになりまた踊るスケスケ女になりと交互にくりかえし、これはどうやら映写機が壊れているようなのであった。さっきから同じ動きばかりである。それでブーイングなのかと思ったら、やっぱり女が踊ると場内が沸くので、この場面に限っては何度くりかえしても喜ばれているようであった。それにしても二十分ぐらいたって一向に話が展開しないので、業を煮やし外へ出る。あのまま一晩中やっているのだろうか少し心配である。

どうもポルノ映画館は不発に終わったので、色街へ行ってみることにする。場所がわからず地元のおっさんに聞いて、ガラタ塔近くの一角にたどりついた。その薄汚れた一角は、数階建ての建物と塀に囲まれていて出入口がひとつだけしかない。中へ入るとバーゲン会場のような人混みだった。まったくこの国の男たちはどこまでも盛りまくっているようである。まあ結婚前にトゥクトゥクできないのだから仕方ないとも言える。

一角はいくつかの路地で構成されており、路地の両側にはそういう店が立ち並んでいる。店は一階が顔見せになっていて二階より上が個室である。男は一階で気に入った女性を選び、値段交渉したうえで階段をあがっていく。しかし、一階に入り込んでいく男は多くなく、ほとんどは店の前で人だかりとなって遠巻きに女たちを観察しているのだった。その人だかりも尋常ではなく、私のように小さい日本人はよほど強引に割り込んで前へ出ないと到底中をのぞくことはできない。やっとの思いで列の前に出てみると、その店には二、三人のなんだかもの凄い女しかおらず、一体男たちは何に群がっているのかまったく解せないのであった。日本とは美人の基準が違うのかもしれん。が、違うにしても限度があるだろう。

それでも一人の男が店に入って行き、中でも比較的ましな、でも凄い女と交渉し二階に上がっていった。それを見物する男たちがはやしたてて応援する。こういう所はこっそり顔を隠して行くものだと思っていたが、ここでは顔面満開で事が運ぶようであった。

外国人である私を見つけて、女がおいでおいでと手を振る。本来、男ならここで理性と劣情のせめぎ合いが起こって当然なのであるが、この場に限ってそんなことは一切なく、ただおぞましいだけなのであった。

翌日、グランドバザールへ向かった。グランドバザールというのは、おみやげ市場という感じの一帯で、広い市場の中は迷路のように入り組んでおり、怪人の一人や二人潜んでいてもおかしくない。刻々と迫る熊男との対決に静かな闘志の炎をグツグツとたぎらせつつ、私はおみやげを物色した。旅は今日が最終日だ。

プラスチックだけどアラビア文字の入った皿のセットを買って帰ろうと考え、値段を聞くと、大皿一枚小皿五枚のセットで九十九ドルだという。馬鹿め、こんなものが一万円もするか。

「そんな旅行者価格で買うか」と言うと、

「なるほど、君は賢い。本当のことを言おう、七十ドルだ」とおっさんは言った。

「甘い、二十ドルで十分だ」

「おお、君、それはないよ、それはない」

「こんなものが七十ドルもするか」

「わかったわかった、君にはかなわない。六十ドルで手を打とうじゃないか」

「二十ドルだよ」

「君はさっきから二十ドルしか言わないじゃないか。俺は九十九を六十まで負けたんだ。君も少しは歩みよったらどうかね」

「二十五ドル」

「まったく」

「六十ドルだって、まだボってるだろう、わかってるんだよ」

「ああ、わかったわかった。正直に言おう、三十三ドルだ。持ってけ」

「二十五ドル以上は出せないな」

「わからん奴だな、でもまあいい。友だちだ、二十七ドルに負けてやろう。いいか、これは他の店で言っちゃだめだぞ。お前だけの特別価格なんだからな」

「わかった」

ということでおみやげを確保し、揚々と引き上げる私の前に、突如、熊男は現れた。改造人間ではなく、轡《くつわ》をつけた巨大な熊を連れた男であった。

私は一瞬息をのんだが、のんだままその男をまじまじと観察すると、恐ろしそうでも強そうでもない、意外にどってことないおっさんである。いや、どってことないどころではない。情けない親父と断定しても差しつかえない。

親父は言った。

「フォト、フォト」

写真を撮れということか。ふっ、甘い。撮ったら百ドルくれとか言うのだろう。それが熊男の正体なのだ。

イスタンブールと熊、一体どんな繋がりがあるというのか。この脈絡のなさ。珍しいことは珍しいが、なぜ熊でなければならないのか、そこのところがはっきりしないぞ。しかも、熊は芸のひとつもしない。ただ黙ってじっとしているだけだ。寂しそうな目をして気合いもメリハリも何もない。その写真を撮らせて金を取ろうなんて、なんという甘い考えか。猿軍団のように逆立ちとかバク転とか大車輪でもさせてから言え。

私が相手にしないでいると親父は速攻であきらめ、ちょうど通りがかった白人にフォトフォトとにじり寄って、ついに写真を撮らせていた。この変わり身の速さだけは、ただものでない。

その後、白人と熊男の激しい口論が始まったのを横目に見、甘いぜ白人、と呟きながら、私は歩き始めた。少し歩いて振り返ると、親父がなかなか金を出さない白人に向けて熊をけしかけていた。せこい。

とにかくこうして私は熊男との戦いに勝利を収め、世界の平和を守ったのであった。

なお、ボスポラス海峡の夕日に向かってこみあげる情熱をぶつけた帰り、路傍の店でさっきの大皿小皿セットを二万二五〇〇トルコリラ（約九ドル）で売っているのを発見したが、それについては、この際重要ではないし、今は戦いの後でもあるのでノーコメントとさせていただく。

中国悠久のやっちゃえ、やっちゃえ

（中国）

十年前、私は中国へ行った。初めての海外旅行だった。

当時まだあまり注目されていなかった中国を選んだのはなぜか、と思う人がいるかもしれない。それについて、ここで話せない理由は特別ないのだが、今は香港返還問題が微妙な時期であるだけに、いたずらに刺激しないよう、ここでは触れないでおく。いずれ明るく語れるときが来るだろうと思う。

とにかく初めてなので、不安がいろいろあった。主な不安を列挙すると、
①中国語を喋れないのに、どうやって意思を伝えるのか。(言葉の問題)
②生水は飲んではいけないというが、いちいち水を飲みに食堂に入ったり、喉が渇くたびに民家に水くださいとか言うのか。(飲み水の問題)
③予約なしで、ホテルや列車がとれなかったらどうするのか。(予約の問題)
④金持ちの日本人は暴漢に狙われたりしないのか。(治安の問題)
⑤そういえば、日本はかつての侵略国であり、いきなり日本人というだけでボコボコにされたりしないのか。(国民感情の問題)
旅慣れた人から見れば、どってことないことばかりだが、何しろ初体験であるから、

私は深く悩んだ。しかし、も私も男であり、そんなことでくよくよしていては何事も見れず、案ずるより産むが易しだ、ええい、行ってしまえ、とりゃあ。それらの不安について、旅立ち前にひとつひとつ対応策を検討したのだった。

その結果、以下のような方法で対処することにした。

①言葉の問題↓メモを持って行き、漢字で筆談する。
②飲み水の問題↓水筒を持って行き、ホテル等で、もらえるときにたくさんもらっておく。
③予約の問題↓最悪の場合、最初の広州でずっと滞在し、それなりの喜びを見つける。
④治安の問題↓なるべく危険なところには立ち入らないよう注意する。だが、それでもいざというときは、不本意だが、ふっ、君たちにはしばらく眠ってもらおう。
⑤国民感情の問題↓なあに、人間を愛する心があればきっと大丈夫さ、とブラッドレーさんは言って僕の頭をそっとなぜてくれた。

さて、とにかく少し逆上気味だった私は、ここはやはり中国文化について理解を深めるチャンスであるし、しかもこれはただの観光旅行ではないのだから（全然ただの観光旅行だけど）、あらかじめ本を読んで研究しておこうと考えたのだった。

さっそく本屋へ出掛け、ちょうどおあつらえ向きの『中国人』という本を発見。国際人たる自覚を、眉間のしわなどでアピールしつつ、おもむろに手に取った。それはヨーロッパ人の学者が書いたハードカバーで、現代中国の生活文化について書かれたものだった。

めくってみると漢字も多く、結構難しそうで、しかも上下巻あった。しかし、ここでくじけてしまっては、ただの観光旅行になり下がってしまう。そう思った私は、しばらくその上下二冊をぺらぺらめくった後、『中国人の夫婦生活』という項のあった上巻だけ買った。

その内容であるが、中国女性はみんなセックスが死ぬほど嫌いだとあった。夫をいくら愛していてもセックスだけは反吐《へど》が出るほど嫌で、そうしないと子供ができないから仕方なく我慢するけど、できることならやらずに済ませたいと思っており、セックスの嫌悪感に歯を食いしばって耐えている、とくりかえし書かれていて、まったくどうい つか十年たった今でも不思議である。

それでも、純情だ 国という国はやはり日本とは全然違うわけで、中国人には中国人の考え方もあるのだ、それが私の想像を超えていることは十分ありえると納得したのだった。

さて、日本を出、いよいよ香港から夜行船に乗って、広州に向かう。船の乗客はほとんどが中国人だった。見ていると、彼らは食事する際、骨などの食べかすを皿に戻さずテーブルの上に捨てる、ということを発見した。汚い。汚いがしかし、深い。

やはり中国人と日本人は文化が違うということがわかったのである。私はすかさず、中国人食べかすテーブル捨てる、とメモをとった。これは深い旅になりそうだ。

翌朝、船室の二段ベッドで目覚めたとき、丸い窓の外にいきなり岸壁があった。岸壁の上では、青灰色のズボンに白い袖なしシャツを着た、いかにも中国人という感じの男たちが肉体労働に精を出しているのが見える。

おおっ、ついに来たぞ。

心臓が高鳴る。そして横付けされた船のタラップを踏みしめながら、中国大陸にその第一歩をしるした。あまりの感動に、『それは私個人にとってみれば小さな一歩に過ぎないが、人類にとっては大きな一歩である』と一句詠んだ。

とにかく中国に上陸した私は、レンガを積んでセメントで固めた家や、バラックなどが立ち並んでいるのを見て、戦後まもない頃の日本はこんな感じだったに違いないとなんとなく思った。匂いとか空気が、妙に〝近所〟の雰囲気である。外国ったって、普通な感じだ。

ホテルを探す。駅そばのでかいホテルは高いので、うろうろして安そうなホテルに入る。

ところが、泊めてくれと筆談でアタックする私に、フロントの女性は「没有《メイヨー》」ととても冷たい。没有というのは、ない、という意味だ。それも、ただ、ないというだけではない。お前の宿などまったく知ったことではない、おならプーだ、と言わんばかりの表情で、目も合わさずに言うのだ。

こら、おっさん（おばさんだが）、わしが何か迷惑をかけたとでも言うのか、と言いたいのをぐっとこらえて、他をあたる。気分悪かった。

結局ホテルはどこも没有で、駅前の高いホテルに泊まるしかなかった。その駅前の高級ホテルでさえフロントの女性は、泊めてやるけどおならプーだという傲慢な態度で、何するにもつっけんどんであり、ちょっと納得いかないのであった。

その日は一日ホテル探しでつぶれたので、翌朝、列車の切符を取りに行く。

その夜の夜行列車で広州を出ようと早起きして並んだのだが、窓口が開く二時間も前に行ったのに、もう五十メートルぐらいの列ができている。しかも、その列は最後尾こそ一列だが、窓口に近づくにつれ、二列三列と太くなっていて最後はもう団子状態である。そして窓口が開いてわかったが、割込み、押しのけ、なんでもありなのである。

四時間待って自分の番が回ってきた。左右には殺気だった中国人が私を挟み込み、次は自分だと牽制しあっている。私はあらかじめ『鄭州、硬臥中舗一个（鄭州行き、二等寝台中段を一人分）』と書いておいたメモを窓口へ出した。といっても、窓はちょうど頭ぐらいの大きさしかなく、中がよくのぞけないので、メモを持った片手と頭をその中へまるごと突っ込み、中の女性駅員を見上げた。

「没有」とその女は言った。

ないのか。本当か。

「没有」

わかった。それならと、いったん、穴から出て、中段でなくてもいい、『上舗、下舗』と書き直し、また突っ込む。

しかし「没有」。

ならば、寝台でなくてもいいぞ。『軟座（一等席）、硬座（二等席）』はどうだ。

「没有ったら没有だ」

だったら、みんな一体何の切符を買っているのだ。中国の列車は本数が少ないので、一窓口一列車という発売形式をとっていた。硬座も軟座も硬臥もないとすれば、ここに並んでいる人々はみな高い軟臥車（一等寝台）の切符を買っているというのか。おかしい。

女、おまえ、言葉が通じないから面倒臭いんだろ、こらっ。私はわめいた。切符だ、切符。切符売れ。

しかし業を煮やした後続の中国人たちが、私を窓から引きずり出し、私は片手を突き出した格好のまま、列の後ろへ順次送られていった。ああ。もう一回並ぼうかと思ったけど、また四時間も待つのは耐えられないし、状況が変わるとも思えない。

切符が買えない。

これは、つまるところ〝主な不安③〟ではないか。

仕方ない。今日の出立はあきらめて、明日の予約を取ろう。私は作戦を変更し、翌日以降の予約窓口を探した。ところがそれはバスで十五分の場所にあるという。完全になめている。駅につくれ。

結局その後二日分は満席で、三日後の硬座が取れたが、ということはつまりあの没有は、本当に没有だったのだろう。するとあの群衆は一体何に並んでいたのだ。不可解である。

列車は、通路の左右に三人掛けの座席が向かい合う形で、私の席は進行方向と逆向きの真ん中、ちょうど五人に囲まれるような感じだった。勝手に誰か座っていたが、指定を取ってあるのでどかし、ザックを棚に上げ、ようやく広州を離れられることに私は満足して、静かに腰をかけた。三日間も広州にいて、飽きていたのだ。

同時に私は緊張していた。

今まで中国人と喋ってみたことはあったけど、今回は夜行列車で隣り合ったまま二十八時間揺られるのである。ここで中国人の真実が明らかになるに違いない。まったく無防備で無垢な私を、敵意ある大衆は袋叩きにするのではないか。つまり、〝主な不安⑤〟が急浮上してきたのである。

一介の観光旅行者ならともかく、日本を代表する好青年であるため、その態度如何で、再び両国は緊張関係に陥らないとも限らない。あらかじめ『中国人（上）』を読んで、この事態に備えておいたのが今になって心強い。

見れば、正面の若い男性とその隣の窓際の女性は夫婦のようである。私の頭の中で〝中国人夫婦〟に関して学んだデータが反芻された。夫のほうは、にこやかに通路側の中年男性と話したりして社会生活は安定しているように見えるが、反面プライベートに関しては妻の身の堅さにはやはり男として閉口しているはずであり、その苦悩がどことなく滲み出ているのが感じられる。見ろ、二人は新婚のはずなのに手も握ってないではないか。

私はたった一冊とはいえ、あらかじめ中国人の内面について学習しておいたことが、私の旅を深いものにしていることに気づいた。さすが、私である。ただの観光旅行では終わらないのだ。

やがて左側のサラリーマンふうの男性とその正面の中年男性が、私の話をしているらしいことに気がついた。それは、話す言葉の中に『ジーベン（日本）』という発音が、たびたび混じるのが聞こえたからだ。

はじめは、私が中国語を理解するかもしれないので遠慮して話していたようだが、だんだんこいつは中国語がわかってないな、ということが判明して大胆になり、しまいには私のTシャツの袖をつまんで、「ほほう、日本のシャツの生地は柔らかいな」などと言っているのだ。勝手につまむな。

みんな[illegible]ち物にかなり興味があるらしく、中国のガイドブックなどは私の手を[illegible]内をしばらく回覧された。やがて、片言と漢字で会話をするようになり、[illegible]な日本人に対する敵意のようなものは、少なくとも表面的には持っていないらしいことがわかってきた。私は大いに安心した。

そのうち、親切な人がよくわからない食べ物をくれた。食べてみろ、と仕草で促す。食べないと悪いので食べたが、なんだか自分が珍しい動物にでもなったような気分である。

何の話をしたか詳しくは忘れたが、みんな、日本人の収入の多さに驚き、若造が海外旅行していることに驚き、持ち物ひとつひとつに羨望のため息をついていたような印象がある。

こうして、ぎこちなくではあるが、私の初の海外旅行は、深い相互理解への道を歩み始めたのだった。戦争という不幸な歴史を乗り越えて、両国関係は新しい段階へ踏み入ったのである。感無量である。時代は変わった。

私は満足して、ゆっくりと車内の中国人たちを見回した。このとき私の心に湧き上がったものをひとことで言い表すとすれば、それは『汚いぞ、みんな』だ。

みんな手鼻をかんでは、窓の外や床に振り捨てていた。とても汚い。

たとえ若い女性でも、子供連れだったりするともう恥じらいもなく、手鼻を床に捨てている。食べかすも床に捨てる。隅の方で赤ん坊に小便をさせている母親もいた。相互理解も大切だが、手鼻もゴミも食べかすも小便も全部、床やら窓の外へ捨てるのは、汚いぞみんな。

ときどき車掌が床掃除に来るが、それまで待つのはなかなかつらい。かといって窓の外へ捨てるのはやはり感心しない。

私もどうしてもという時だけ、車掌に見つからないよう外に捨てたが、見つからないようにと思うと、何だか車掌がよく現れる。そこで、持ち前の鋭い嗅覚で車掌の動きを追い、ここぞとみるや目にも止まらぬ早業で窓の外へ放り投げるという難度Dの技を見せた。が、基本的にはやはり車掌が来るのを待つのが礼儀であろう。いくら大ざっぱな国とはいえ、限度というものがあるはずだ。と思ったら、車掌は、集めたゴミをまとめて窓から放っていた。

中国悠久の大地に日が沈み、私は、緊張が少しずつほぐれていくのを感じた。座席が堅くて少し腰が痛かったが、うとうとと心地よい眠りに誘われながら、何だか

というってもこの旅は順調な滑りだしといっていいのではないか、これが海外旅行

静かな感動に包まれていた。

寝ぼけまなこでぼんやりと見れば、目の前の夫婦は、暗くなったのをいいことに、いつの間にか濃厚なキス態勢に入っている。なんだか話が違うような気がするけれども、どうでもいいや、やっちゃえ、やっちゃえ、なのであった。

まずはインド人から悔い改めよ

（スリランカ・インド）

スリランカはインド洋の涙である。

おおっ、なかなか叙情的な始まりである。感動あふれるラストシーンの予感さえする。さすがである。島の形が、涙なのである。糞のようでもあるが、そこを涙と詠んだわけである。糞とはいわず、涙といったところが、ワビというかサビというか情緒というか、もうわかったから早く先へいってほしいとみんな思っているのである。

私は最初にコロンボに降り立った。

ここは紅茶がうまい。ゴルフェイスホテルで飲んだ紅茶はめっちゃうまく、これはおみやげにもって帰り、みんなを激しく喜ばせてあげようと思い、よーしよーしとたくさん買って帰って自分で飲んだ。

ここはアジアの街にしては整然としていて美しく、新しい感じがする。だが、ぬかってはいけない。敵もなかなかさる者なのである。

高層ホテルの隣に、安っぽいけどでかい金色の仏像があり、面白いので見ていた。するると、口のきけない若い男性が近寄って来て、紙とカードを見せるのである。紙には『わたしたちは身体障害者養護施設の者です。このたび施設建て替えのため、寄付を募っております』と書いてあり、カードは身体障害者養護施設ふう身分証明書のようなものだった。

そこで私は、ふむ、それはそれは大変なことであるし、そういうことならば、金満日本から来た私としても黙ってはいられません、と話しても聞こえないので顔面で言い、それはそれはご愁傷さまでと誰も死んでないのに深い顔をして二、三度うなずき、ここはいっちょ百ルピーでも払おうとしたのである。

すると、その男性は、別の紙を見せ、ここにサインしてくださいという。見ると他にも寄付した人たちがサインしている。驚いたことにみんな三千ルピーとか出している。最低でも千ルピーだ。そうか、痛いけどまあ金持ちの日本人としてはそれぐらいは仕方あるまい、と千ルピー払うことにした。やはり世のため人のためである。我ながらあっぱれなのである。

さて仏像を離れ、海の方へ歩いて行くと、二人連れの男性がやって来た。一人はテキ屋ふう、もう一人はもの静かな哲学者ふうで、テキ屋がカードのようなものを見せていった。

「この男の人は、身体障害者で口がきけないのである。この人の養護施設建て替えに金がいるので、ぜひ心あるあなたに寄付をお願いしたい」

「そうですか、実はさっき仏像のところで、あなたのお仲間に寄付してきたところです」

「それは違う施設で、私たちの施設はお金がいるのです」

「そうですか、わかりました。いくらでしょうか」

「五千ルピーです」

「そんな金はないので千ルピーで勘弁してください」

「わかりました」

合計二千ルピーの出費は痛い。と思いながらも、身体障害者の養護施設ということでもあり、かわいそうな人を見ると黙ってはいられない性分なので、念のためくりかえすと、かわいそうな人を見ると黙ってはいられない性分なので、もう一度くりかえすのはやめておくが、『いいことをした。さすが私だ。これを好青年と呼ばずして何というのだ』とインド洋から吹きつける海風にあたった。爽やかな横顔であった。

そこへおばさんが近寄って来た。おばさん曰く。

「私は恵まれない子供たちの養護施設で働いています。実はその施設を建て替えることになり……」

「はあ」

「千ルピーでも結構ですので、ご寄付いただけないでしょうか」

どうもスリランカ中で、養護施設を建て替えているようである。というより、これはつまりタカリなのではないのか。私は爽やかな好青年などでは全然なく、ただのカモなのではないか。場合によってはネギまでしょっているのではないか。しかもこれがなかなかうまいネギで、結構いけるのではないか。

しかし、相手は身体障害者養護施設である。下手な疑いは禁物だ。今は〝スリランカ全国養護施設建て替えキャンペーン〟が実施されているのかもしれないではないか。謎は謎を呼ぶが、これ以上の出費は痛い。ここは涙を飲んで、丁重にお断り申し上げようと思ったところ、恵まれない子供たちの養護施設で働いているおばさんは、

「本当は、みなさんお一人五千ルピーぐらいはご寄付いただいてるんですけど……」

さっさとくたばれクソ婆アなのであった。

コロンボから遺跡都市アヌラーダプラへの列車は、出発が半日も遅れた。しかも揺れた。じっと座っていようと思っても、いつの間にか立ち上がってしまうぐらい揺れた。そのまま立ち上がってやけくそで踊ってる人も何人かいた。

遺跡の町ポロンナルワに到着したのは、アヌラーダプラを出てアウカナ、シーギリヤ、ダンブッラを車で回った後であった。ポロンナルワ・ゲストハウスは湖のほとり

にある白いおしゃれな建物で、フロントには支配人とおぼしき初老の男がいて、ハエ男に似ていた。

部屋はあるかと聞くと、

「ふっふっふ、いい部屋を紹介しよう。君は非常にラッキーだ。クイーンエリザベスが泊まった部屋なのだよ、日本人君、ふっふっふ」

と人差し指を立てて言う。

こっちはエリザベスでもエルザでも何でもいいのだが、余程それが自慢らしく、その部屋にはエリザベス女王の写真があっちこっちに飾ってあった。部屋はだだっ広いだけで殺風景なものである。

ユニットバスに入ると便器があったが、つまりそれはエリザベス女王も座ったに違いなく、私もそこでうんこをしたので、〝エリザベス女王と同じ便器でうんこをした男〟として、図らずもイギリスの現代史に名をとどめることとなった。

さて、それが自慢したかったためにここまで書いてきたが、それ以外に言いたいことは全然なく、意見とか主張とか洞察とかも何もなく、このへんでさっさと終わりたいのである。

だが、うんこネタで落とすようでは、『立つ鳥お茶を濁す』とか『ゴジラ対ラモス』

などという使い古されたギャグと同じレベルだし、かつ、この一件で私の人格を疑うような人がいると、私個人は構わないけれども、私の才能を認めてくれたイギリス王室に申し訳ないので、話は思いっきり飛ぶけれども、インドの話をすることにする。

インドは素晴らしい、私たち日本人が忘れてしまった人間の愛とか、勇気とか、気持ちとか、きなこ餅とか、いろいろ言う人がいるが、あれは全部嘘で、インド人は、まったくどうしようもない。スリランカの養護施設建て替え部隊など比べものにならない。

リクシャ（人力タクシー）に乗る。

値段交渉して行先を告げると、こっちが知らないと思ってちょっとだけ走って、ここだと嘘をつく。ここじゃない○○ホテルへ行け、というと、なんだそれを早く言ってくれ、それじゃあと十ルピーくれないとだめだ、とかいうのだ。

列車に乗れば、指定席である私のベッドに勝手に入って来て、一晩中横に寝てる奴が二人ぐらいいる。一つのベッドに野郎三人で寝たのだ。指定券なんて買ったってしょうがないわけである。それ以外にも値段はふっかける、釣りはごまかす。本当にどうしようもない。

アグラという街は、タージマハールで有名である。タージマハールは大理石の宮殿のようなお墓で、インド観光地ナンバーワンとして、みんな一度は行くのである。

私はH君とS嬢と三人でアグラを訪れ、宝石屋に入ったのである（しかしS嬢というのはなんだかソープランド嬢みたいなのでやめて、S子さんとしておく）。

さて、その宝石屋の主人は、これまたハエ男のような顔をしており、ここではスリランカのエリザベスハエ男と混同してはいけないので、便宜上、新ハエ男と呼ぶことにする。

新ハエ男は、宝石の商売を適当に済ませたあと、奥のマジックミラーの裏にある部屋へわれわれ三人を連れて行き、机の上に写真を取り出した。

「これが久美子である。久美子は私のフレンドであり、一度彼女の家に遊びに行ったこともある」

と新ハエ男は言った。

それがどうした。写真は、彼と久美子が一緒に写っているのが何枚もあった。友達なのか、そうかそうか、よかったな。

「このように、私は日本の若者が好きである」

そうかそうか。

「そこで、君たちだけ、信用できそうな君たちだけにいい話を教えてあげよう」

新ハエ男はかなり勿体ぶって机の下からテニスボールほどの袋を取り出した。

「ただし、これは法律に触れることであり、君たちを信用して話すのだから、絶対に口外しないと誓ってくれ」

と言った。

ふむふむ。

「これは、世界でもインドのこの地方でしか取れない宝石である」

袋の中には、比較的地味めの宝石がたくさん入っていた。

ブラックサファイア、キャッツアイ、アクアマリンと指さして教えてくれる。キャッツアイは確かに白く細い光沢が浮かんでいた。宝石の価値など全然わからないが、確かにそれは本物らしかった。

「これを日本に運んでほしい」

と新ハエ男は言った。

「インドは宝石の輸出に高額な関税がかかる。まともに輸出したのでは、ろくな儲けもないのだ」

つまり密輸してくれという話である。

「もちろん、手に持っていたのでは、税関で見つかる可能性がある。だから郵便で送るので、それを御徒町の宝石卸の店へ運んでほしいのだ」

物騒な話は嫌だなあという顔をしている三人に、新ハエ男は続ける。

「といってもやはり、郵便も危ない。一人五百ドルを超えると、個人の趣味のためであると見なされず、輸出と見なされる。だからそれ以下しか送らない」

ということはつまり、輸入の段階では違法ではないということなのかな。

「もちろん、ただでとは言わない。これをここで五百ドルで買ってもらえば、御徒町でそれを三倍で買い取る。君たちには千ドルの儲けになる」

怪しい。超怪しい。御徒町で本当に売れるかどうか、わかったものではない。

「それは信用できない」

と私は言った。

「いいだろう。だが、私は君たち日本人を信用している」

新ハエ男はそう言って、日本人が書いた手書きの紙を見せてくれる。そこには日本人学生の署名が入っていて、この密輸まがいのやり口について書いてある。そして最後に、その日本人は自分はこれでずいぶん儲けたとまで証言している。

「私は提案したい」

と新ハエ男は、こちらの疑いももっともだというふうにうなずき、

「ここでカードで金を払ってくれたら、そのサインした売上票を全部いっしょに郵送するので、宝石を換金したらその売上票を送り返してくれればいい。換金できなくても、君のカードから金はおろされないというわけだ。これでどうだ」

「なるほど、それならいいだろう。しかしあんたにとっては、宝石だけぼったくられる可能性もある。今会ったばかりのわれわれを信用するのか」

「日本人は律義だ。約束は守ると信じている」

新ハエ男は顔に似合わずいい奴かもしれなかった。

われわれはサインし、目の前でパックした宝石の入った小包と売上票の入った封筒を、新ハエ男とともに郵便局で投函した。言葉が通じないのをいいことに「投函しないようにしてくれ」とか局員に言う可能性も想定して、目の前で本当にスタンプを押してもらった。

これでまあ、数万円だが、いきなり儲かることになったわけである。なんだか知らんがよかったよかった。インド人にもなかなかいい奴がいるのだということがわかった。われわれ三人は心地よい疲労感とともに新ハエ男の店を後にした。

こうして私たちは学んだのだった。

インドには文明に毒された私たちが忘れてしまった何か大切なもの、つまりそれは人を信じることというか、信じる者は救われるというか、罪深き者は幸せですというか、悔い改めよというか、見よ私はここにいるというか何というか、そういうものが、あったのだ。

やはりいつも世のため人のために尽くしてきたので、類は友を呼んだに違いない。三人はこの後、サーカスを訪れ、『恐怖の水飲み男』が四リットルぐらい入るジョッキで五杯ぐらいをガブ飲みし、それをまたジョッキに吐きもどしたのでびっくりし、それが飲んだ分以上にたくさん出てくるのを見て、なんとも汚い芸に頭を抱えたのであった。

その後、日本に帰って届いた宝石を御徒町の指定の店へ持っていったら、そんな店はどこにもなく、他の店で買ってもらおうとしたら一万円にもならないと言われ、カードの売上票もまったく届かなかった。郵便局もグルだったのだ。

おのれ悔い改めよインド人。いつかきっとお前を倒す。

追伸
悔しさのあまり一句詠めり。
『信じる者はすくい投げ』

アイスウーロン茶の謎

（香港）

曾さんと李さん夫妻は、四階建てのマンションに住んでいる。これが、湾から百メートルも離れてないのに、強烈な階段を百段以上昇る。香港は坂の街だ。

マンションには日本の団地のように階段の踊り場に玄関があり、玄関はどこも鉄格子がはまっていた。住人はまず鉄格子の南京錠を開け、それからドアを開けて部屋に入るのだ。といっても決してこのマンションの住人が特別金持ちなわけではない。

「香港は治安が悪いから、どこでも鉄格子はついてるんだ」と曾さんは言った。

ベランダにもサッシの手前に鉄格子がついていた。ベランダは山側なので陽も入らず、まるで監禁されているような気分の家である。

家にあがると、李さんが昼飯を御馳走してくれた（香港では結婚しても夫婦別姓である）。昼時だというのに油のこってりした肉料理だった。これが量もかなりあって、飛行機で機内食も食っていた私はあっという間に満腹し、半分ぐらい残してしまった。香港では昼間からこんなに食うのだろうか。

もう食えない、と苦しい顔をしていると、曾さんが、

「満腹のことは広東語でパオというのだ」と教えてくれた。そこで、

「私はパオだ。もう十分だから曾さんもっと食べてくれ」というと、

「なんのなんの。私なんかモーパオだ。君こそもっと食べなさい」という。

「モーパオとは何だ」と聞くと、

「君よりさらにパオ、という意味だ」

お、ずるい。それなら私も、

「いやいや、私の方こそモーパオだ」といった。

「そうか。では、私はゲッチーパオだ」と曾さんはいう。

「ゲッチーパオとは何だ」と聞くと、

「うむ。それはそれはもの凄くパオ、という意味だ」

ムム、まだそんな手があったか。

「ならば、私こそゲッチーパオだ」と私はいった。

「いやいや、私の方がゲッチーパオだ」

「なんの負けるか。私がゲッチーパオだ」

「甘い。ゲッチーパオは私だ」

「なにくそ、お前なんか、ただのパオだ」

「うるさい。パオはお前だ。俺こそ本当のゲッチーパオだ」

「ええい、ひかえい。我こそがゲッチーパオである。頭が高いぞ。ひかえいひかえい」

真のゲッチーパオをめぐる戦いはしばらく続いた。

夏の香港はゲッチー暑い。

私は、曾さん宅を拠点にぶらぶら歩き回っていたが、何か冷たいものを飲もうと、街のコンビニをのぞいた。ところが清涼飲料といえばコーラかオレンジジュースしかない。缶コーヒーも紅茶も野菜ジュースも飲むヨーグルトもない。スポーツドリンクだってあるにはあるが、そうそう置いてなかった。日本のコンビニとはえらい違いだ。

店員に「冷たいウーロン茶はないのか」と聞くと、そんなものない、という。馬鹿な。ウーロン茶だぞ、ウーロン茶。香港といえば中国。ウーロン茶がないわけがないではないか。

そうか。きっと、私の発音が悪いのだ。

「ウーロンチャ。わかる？　ウーロンだ」

「……」

「ウー→ロンチャ、いやウーロンチャ↑か。それともウーロ↑ンチャか、いや……」

「お茶の店へ行け」と店員は、にべもなくいった。

わかってるなら何度もいわすな。

お茶のスタンドがあったので、そこでウーロン茶を頼むと、熱いのを出そうとする。

「冷たいやつだ。このクソ暑いときに、熱い茶なんか飲めるか」

とアピールすると、

「冷たいウーロン茶なんてないよ」という。

「日本にはあるぞ、冷たいウーロン茶」

「冷えたお茶は体に悪い」

「それをいうならコーラの方がよっぽど悪いだろうが」

「それはそれ。お茶を冷やすなんて、はっ、ちゃんちゃらおかしいや」

といったかどうかわからないけど、たぶんいってないと思うけど、そんなふうなことをいうのだ。

帰ってから曾さんに聞いても、

「そんなものはないよ」

「どうして？」

「お茶は冷やすもんじゃない」という。

「冷たい麦茶もウーロン茶もなにもないのか」

「冷たいお茶なんてあるわけないじゃないか」

「馬鹿な。君たちの国では、お茶を冷まして飲んだらうまかった、という奴は一人も出なかったのか。四千年も何をやっていたのだ。うまさ四千杯ではなかったのか」

私は大いに納得がいかない。

その晩、曾さんの姉夫婦に呼ばれ、レストランで食事を御馳走になるが、そのときも冷たいお茶がなかった。しかもまたまた満腹だといっているのに、食え食え大攻撃に会い、死にそうになった。

翌日は日曜で、早朝、金魚の市が立つから行こうと誘われた。

曾さんの伯父と思われる男性が、金魚フリークというのか、金魚マニアというのか、金魚フェチとはいわないだろうがそんな人で、案内を買って出た。ところが、行ってみると金魚市見物はさっさと引き上げ、

「では中華料理大飯店へ行って、飲茶《ヤムチャ》を食おう」

という展開になった。

まただ。

この朝っぱらから飲茶なんて食う奴がどこにいるものかと思ったら、店に入ると百万人ぐらい食っていた。大賑わいである。まったくこの国の奴らは何を考えているの

だ。

「香港では日曜の朝は飲茶なのだ」と曾さんはいった。

中国返還が迫っているというのに、一体そんなことでよいのか。

「午後は私の両親に会いに行こう」

と曾さんはまたまた恐ろしいことをいう。

「いやいや、そんな気遣いはいらない。ご両親には心静かに日々過ごしていただきたい。私のようなものが、何のご挨拶の品も持たずに伺うわけには……」

今度ばかりは徹底的に抗戦するぞ。

「なに、気にすることはない。彼らは客人を迎え、一緒に〝欽ちゃんの仮装大賞〟を見るのが好きなのだ」

んっ？　と思ったのが運の尽き。一瞬黙ってしまったので、タイミング的に、事はそれと決まったのであった。徹底抗戦の構えだったのに、敵の意外な攻撃に不覚をとってしまった。それにしても、なぜいきなり仮装大賞なのか。あれは香港でもやっていたのか。謎は謎を呼ぶ。ゲッチーパオの戦いは、どうしてもまだ続くようであった。

翌日、曾さんの学生時代の友人で詩人の鍾さんのところへ遊びに行こうということになった。当然、ここはさらなる歓迎責めが待ち受けていると見てよいが、かつて中国旅行中にお世話になった人でもあり、ここは腹を決めて立ち向かうしかあるまい。

鍾さんは、中国に近い新界地区の元朗というところに住んでいる。香港島からホバークラフトで屯門へ出、そこから鉄道で元朗。そこからさらに車で田んぼの中の鍾さんの家へ。でかい豚を飼っていた。

田舎の家はどこもそうなのか知らないが、玄関を入るとすぐ食堂である。土間にそのままテーブルが置かれていてそこが食堂なのである。

ちょうど夕刻だったので、まあまあ食事でもという予想通りの展開になり、鍾さんの両親、兄弟、近所のおっさん、隣の子供など大いに登場して、円卓を囲んだ。客人が珍しいのか、毎日来てもそうなのか、やたらみんなはしゃぐ。わめいたり、怒鳴ったり、笑いながら屋根の上を走ったりしている。変だ。

やがて御馳走が出て、私は覚悟を決めて食うことにした。

しかし、もうあんまり食わされまいぞ。さっさと食うからいけないのだ、と私は考えた。私はもともと早食いであり、それが災いの元なのだ。喋りながらゆっくり食えばいいのだ。うむ、そうなのだ。それでいいのだ。

そこで、懸案の冷たいウーロン茶について聞いてみることにした。これだけたくさんいれば、一人ぐらい飲んだことがあるだろう。

「鍾さん、香港には冷たいウーロン茶はないのか」

「なんだって？」

「冷たいウーロン茶だよ。こんな暑いんだから、お茶を冷やして飲んだらうまいだろ」

鍾さんは、意表を突かれたような表情で、点になってじっと考える。

「それは……」

しばらくして鍾さんは口を開いた。

「なんてグレートなアイデアなんだ」

おちょくっている。

「さっそく試してみよう」

そういうと、洗面器のようなものに氷をいっぱい持ってきて、そこに熱いお茶をドボドボかけ始めた。何もそんなに作ることはあるまいと思ったが、いいそびれているうちに洗面器いっぱいの冷たいお茶ができてしまった。

「良かったじゃないか」

と曾さんが横でいうが、……少しイメージが違うなあ。

鍾さんは、調子に乗ってつくってみたものの洗面器に張ったお茶をどう飲むか考えていなかったらしく、しばらく思案してから、空いた茶碗を持って現れ、それですくって飲んだ。あんまりうまそうではない。

「どう？」

「……うむ。やっぱり、お茶は熱いのが良い」

違う。昼の暑いときにコップで飲めば違うのだ。

「これは君に全部あげよう」

そう鍾さんはいい、洗面器は私の正面にきた。

「良かったじゃないか」とまた曾さんがいう。

「まあ、良かった」と私は答えたが、でかい洗面器を前に、これはこれであんまりうれしくない、と思った。

それにしても冷たいお茶がないのは理解できない。そこでここは最後の砦、鍾さんの両親に聞いてみることにする。すると、

「冷たいお茶？　ああ、そうだ」

といって親父さんは奥へ消え、何やら小さな箱のようなものを持ってきた。

おおっ、ついに幻のアイスウーロン茶が登場か。

いう複雑な問題は年寄りに聞くに限る。私は

さすが、カメ

大いにおさんは、これを嗅いでみろと箱の中から、葉っぱをつまみ出していう。嗅いで何がわかるもんでもないが、いわれるとおり嗅いでみる。普通のお茶の匂いだ。これが夢にまで見た、見てないけど、中国四千年の歴史が誇るアイスウーロン茶なのだろうか。

親父さんは、じっと私を見つめている。

「どうだ？」

どうだといわれても……。

「それは日本茶か」

「どこのお茶だろうと思っていたんだ。日本のお茶か？」

「はっ？」

「はあ？」

親父……。

謎のお茶は、ひと通り回転テーブルの上を回り、みんな匂いを嗅いだりつまんだり

子供は屋根の上を走ったりしていたが、やがて鍾さんの親父が、日本のお茶ということに強引に断定し、これでお茶の話はめでたしめでたしという感じになって、そのまま冷たいウーロン茶に関する私の重大な懸案は話題から消え去ったのだった。

洗面器と思ったのはよく見るとボウルだったから、飲んでも悪くはないのだろうが、なんとなく誰も触らずにそのまま置き去られ、やっぱりそれは、全面的に私の責任ということになるのだろうと思われた。

南の国で戒める

（ベトナム）

ベトナム戦争とは一体何だったのか。
という重要な問題は非常に難しいので今回まったく触れない。むしろベトナムは、その急速な経済発展が国際的に注目されており、そちらについて考察する方が建設的でもあるし日本にも直接関係があって有意義だと思うが、それについてはじっくり検討してみたいテーマであるので次回に譲ることにする。

さて、われわれベトナム取材班（取材なんかしないけど）の旅は、ホーチミンから始まった。

到着した夜、男三人でホテル周辺を歩いていると、スーパーカブに乗った夜の女が現れ、流し目を送ってきた。女はワンピースから帽子、手袋、果てはバイクまで青一色で統一し、アオレンジャーみたいだ。

さしあたってアオレンジャーに用はないので無視して歩いて行くと、今度は、若い女の二人連れが声をかけてきた。ディスコへ行こうと誘う。今回の旅はいきなり積極的な展開であるが、しかしだ。われわれ三人はまだベトナムの治安状態についての何の知識もないし、いきなり見知らぬ女性と夜遊びするような軽率な行動はそもそも国内外を問わず慎むべきである。だいたい今回の旅は深い思索に耽る旅であり、夜遊びなど全然興味ないのであり、われわれにはホテルに残しては来たが、女性も一人同行しているのであって、それにしても二人とも結構かわいいのであり、なかなかそれはそれで前向きに検討してもいいのではないか。そうだそうだ。検討してもいいぞ。検討だ検討だ。であえであえ。

……。

というようなことは、もちろんあってはいかんわけである。

ホーチミンから、巨大な目玉を信仰していることで有名なカオダイ教の町タイニンを訪れた帰り道、飯でも食おうということになった。

タイニンを案内してくれたガイドのホァンさんと運転手の何さんだったか忘れた人が、適当に三階建ての民家みたいなところに車を乗りつけた。レストランに見えんなあと思いながら車を降りると、店員らしい男性のほかに紫色のユニフォームを着た女性が奥の方からワワワッと数人現れ、微妙なしなを作りながらわれわれを二階に導いていく。われわれもワワワッと二階に上がった。

そこはコンクリートむき出しで、中央に丸いテーブルがあるだけの殺風景な部屋。依然としてレストランには全然見えんと思いつつも何だか雰囲気が妙だと勘ぐっていると、女性たちが妖しい笑みを浮かべながら一人一人の隣に座った。

われわれは動揺した。

これはひょっとしてひょっとするのではないか。

はじめはこの部屋で女性と会話を楽しみ、ちょっと親密になったりすると、あら、いやねえ、などとほくそ笑みながら女性が先に立って三階へと導き、ふらふら階段を昇ったあかつきには、それはちょっと人には話せないような春のうららが待っている。

というようなそういうような場所なのではないか。

ガイドのホァンさんは血相を変え、そういうんじゃないんだ、飯を食うだけだ、と女たちにベトナム語でたぶんそう言い、女たちは残念そうにそれでもちょっとだけ流し目など送りながら立ち去っていった。

表に堂々とした看板が出ていないと思ったら、そういうことだったのである。

やっぱりこういう場所で遊んだりするのはよくないので、

「きっとベトナム戦争でアメリカ兵が大勢来ていたせいでしょう」

「なるほどそうでしょう」

と私たちは大局的な見地で有意義な議論を交わしました。

女の話ばかりになってしまったので、このへんでホーチミンという都市について話しておこう。ホーチミンは少し前の上海に似ている。泥の河に沿って道路が走り、街が茶色にうすら汚れているからだろうか。赤サビが溶けたような水たまりが目立つ。上海と少し違うのは植生だが、その熱帯植物もまばらで、それらもあまりの暑さと埃のせいで生気がないように見える。

さすが私だ。女ばかり見ているようで、実は深く観察している。

戦禍で市街はボロボロに崩れているのかと思ったらそんなことは全然なく、戦災孤児とか傷痍軍人マッコイ大佐（てきとう）とかが路上にあふれていたりもしない。社会主義国の鬱屈したような空気もない。活気がある。ただ、街の女性がきれいというのは本当のことで、別に私でなくても気づいただろう。普通の女の子がきれいなのだ。人なつこく、話しやすいところもうれしいぞ。

そうなのだ。そうだったのだ。

私は気づいてしまった。ベトナムはきれいな女の人が多いのであった。ついつい女の話ばっかりになってしまったのは、春のうらら女たちがたくさんいるからでは実はなく、きれいな女性が巷《ちまた》にあふれていたからなのだった。そのほとんどはすれ違うだけだったり、遠くからふと見つめあったりするだけで、実際に何か触れ合うということはなかったけれども、そういえばあちこちで美しい視線に出会っていたような気がする。

仕方ない。

改めて、仕方ないぞ。ベトナムを深く知るためには、彼女たちの真実に触れなければならないのは当然の論理。だから今回に限り、ベトナム美女と正々堂々と交流するのも仕方ないと思うのだ。

ホーチミン中心街の映画館をのぞいていたとき、ピンク色でフリフリのついたかわいい服を着た小学生低学年ぐらいの女の子が、なんだかうれしそうに近寄ってきた。なんだかうれしいのはそれはそれで良いが、君は交流するには少し若過ぎるぞ。私はもう少し年をとった女性との交流について検討しているところなのだ。君は静かにお家に帰りなさい。

ところが、その女の子は、何か話しかけてくるのかと思ったら、あろうことかそのままどーんと私の脚にしがみついた。しかも両手で太ももを抱えこみ、死んでも離さないという力強さである。

わけがわからない。

最初に言っておくが私は決してお前の父親ではないし、しかも今アジアにおけるべトナムと日本の正しい交流について深い考察を加えているところであり、そんなことしても全然無駄だ、とベトナム語はわからないので厳しい目で伝え、相手にしない戦法で平然と構えることにした。

しかし、彼女の方も一向に動じる気配はなく、そのまま私の脚に定住することもやぶさかでないという態度である。どうして突然こんなことになってしまったのか理解に苦しむが、私を甘くみるなよフリフリガール、とよくわからないネーミングと決意を固め、なんとなく他の人に伝染《うつ》るかもしれないと人のたくさんいる方へそのまま歩いて行った。

すると案の定、フリフリガールは突然離れて、同行のN女史やHの方へ素早く駆け寄りガキッと脚に合体する。そこで振り切られると、やがてまた私のところへ、というくりかえし。

結局誰にかまってほしいのだろう。親がいないのかもしれない。そう思うと急にその子がかわいそうになって一粒の涙が私の頬を伝ったかというと全然そんなことはなく、早々に退散すべく映画館を離れ、われわれはバラバラに散って人ごみに紛れる戦法でこれを迎え撃った。もうついてこれまい。と思ったそのとき、彼女は、大声で何か短くわめいた。

ぱあっと服を脱ぐ。フリフリの服も下着も全部脱いだ。そのまま素っ裸で交差点にあった噴水に踊り込み、再び何か大声でわめいた。強烈だった。それは真剣勝負なのだった。よく理由はわからないが、彼女にとってギリギリの勝負なのだった。

私はゆっくりと彼女のところへ歩み寄り、さあ服を着なさいと優しく声をかけてやったかというと、やっぱりそんなことはなく、そのまま人ごみに紛れてその場を立ち去った。

フエは、南北に長いベトナムのちょうど真ん中あたりにある古都である。王朝時代の遺跡が多く残っている。

宿探しの途中、部屋は空いてなかったが小さなゲストハウスの若い女主人がとてつもなく美人だったので、私はいっぺんにこの町が気に入ってしまった。

ようやく宿を見つけ市内観光も済ませた後、Hと私は、こうなったら（どうもなってないけど）男同士でベトナムの真実を解明しなければならないということで意見が一致した。さっそくN女史に、ちょっと夜の風にあたってくるだけと言い残し、さりげなく髪を整えうんこなどして気を静め、二人は自転車を借りて夜の町に散策に出た。

川に平行して走る幹線道路沿いに、赤、青、黄色などの派手な電球で飾りたてられ、ディスコミュージックがガンガンかかっている店がたくさんある。なにやら賑やかだ。雰囲気の良さそうな店をのぞいてみると、それまで暗くてわからなかったが、基本的に屋外にテーブルと椅子を並べただけであり、何かディスコふうの施設があるわけではないようだ。ときどきカップルが暗がりのテーブルに妖しく佇んでいる他はひと気もあまりない。なんかもっとぐわああっと盛り上がっている場所はないのか、ぐわああっと。

Hと私は幹線道路の端から端までひと通り物色し、音楽も電飾も一番派手な店にぐわああっと自転車を乗りつけた。

奥の方で人影が手招きするのでつられて行くと、おばはんがいてそこに座れと椅子を指さす。この店もあんまり人がいないが、若い女の店員もいないわけではないようだ。

「私は昼間は教師をして、夜はこうやってアルバイトをしています」

とおばはんは言った。そんなことは誰も聞いてないが、なんだか友達のお母さんという感じでニコニコと優しい対応である。しかし肝心の妖しい雰囲気は店のどこにもない。

「あの子はうちの生徒なの」

と指さした女の子も普通の女の子で、派手な店構えと全然かみ合わない感じだ。ベトナムの真実はどうなっているのか。

おばはんは注文は何にするかとわれわれに聞いた。

「何があるのか」と聞くと、

「ジュースとアイスクリーム」と答える。

「ビールとかはないんですかね」とHが聞くと、

「ないわ」とおばはんは笑顔で言った。

「もちろん若い女の子とかいないですよね」

と言おうかと思ったけどどうせ無駄だからやめ、Hと私は、レモンとオレンジのアイスクリームを心静かに注文したのだった。こうして、公務員がこのようにアルバイトをしているというベトナムの真実について深く考えることができた。当初の狙い通りと言えよう。


首都ハノイの一般庶民が休日のバカンスに行く場所、それがドーソン海水浴場である。日本の湘南と言っていい。当然海も汚い。その水の濁り具合といったら尋常ではなく、完璧に泥水である。一体何を根拠にここを海水浴場に決めたのか理解に苦しむが、濁っても湘南である。

カメラを持った記念写真屋がうろうろしていて、あちこちで庶民の写真を撮っている。特に若い女性をおだてまくって撮っていることが多い。おかげで浜辺は大変なことになっていた。

砂浜に寝そべり両肘をたててかわいく顎を乗せる女、波打ち際にしゃがんで遠くの海を見つめる女、山本リンダふうに腰をくねる女など、ほとんど収拾不可能な状態だ。写真屋のおかした罪は結構重い。

さて、ドーソンで一泊しハノイからチャーターした車でまさに帰る寸前、たまたま私一人でホテルのそばを歩いていると、若い女の子の四人組が遠くから私に何か叫んでいる。何だかわからないけど相手は若い女の子でもあるし、念のため、おおっ、と手を振っておいた。

しばらく歩いて行くと、どこから回りこんだのか、いきなり四人が私の前に現れ、

「ホエァ・ディド・ユー・バイ」

と私のパンツを指さしながら言った。

そのとき私が穿いていたのは、膝ぐらいまでしかない薄いシルクのひらひらしたパ

ンツで、赤と緑とオレンジ色のペイズリー柄のイージーなやつだった。

「スリランカ」と私が答えると、

「アイ・ワント・ディス」

とぽっちゃり顔のなかなかかわいい女の子が言った。女の子と言っても二十歳前後だ。

「だめだ。これしかないから」

「ユー・ハンサム」

「ありがとう」前向きに検討しよう。

「カム、カム」と袖を引っ張る。一緒に遊ぼうという意味か。

「もう、ハノイに帰るところだからだめだ」と私は言った。

「ナントカカントカゴートゥーベッド」

ん？　何だって。

聞き間違いか。しかし女の子は私の袖を引っ張り、

「ナントカカントカゴートゥーベッド」ともう一度確かに言って、挑発するように私を見た。

こ、これはつまり、諦めかけていたベトナムと日本の正しい交流のことなのではな

いか。そういうことであれば、ここはひとつ、清く明るい交流関係を築いておくべきではないのか。それがひいては日越関係の飛躍的発展につながるわけなのではないか。どうだどうだ。

私は、ゆっくりとホテルの玄関の方を見やった。ハノイへ帰る車は完全にスタンバっており、N女史をはじめ同行の三人が、さ、帰ろ帰ろ、と悩みのひとつもなさそうな顔で煙草を吸ったりしている。そこには静かな風が吹いていた。

うむ、そうである。

今はつい逆上してしまったが、やはり冒頭でも述べたように、外国へ来て見知らぬ女性とどうこうなどという軽率な行動は慎むべきであり、そういうことは絶対いかんのであり、そういうことは何がなんでもいかんといったらいかんのであり、どう転んでもその可能性はないのであって、もともとそんなことするために来た旅では全然ないのであるから、残念とか未練とかそういうものはまったくないし、後ろ髪引かれたりも全然しないし、わかったわかったからさっさと車に戻れ、なのであった。

ここは未来のある若い彼女らのことも考え、毅然とした態度できっぱりと断り、英語かベトナム語がもっとできるならば説教の一つもしておくべきところであろう。そこで私は、厳重注意を促すためにも険しい表情で、

「ハノイにあと二日いるからな、遊びに来るんじゃないぞ。いいか、ハノイだぞ」

と言っておいた。もしも彼女たちに何かあったときの連絡先として、念のためホテルの住所も教えておきたいところだったが、悔しいことにその日の宿はハノイに行ってみないとわからないのであった。

全面的に私が漕いだ件

（ネパール）

ネパール第二の都市（村だけど）ポカラはとてもいい所だ。首都カトマンズからは見えないヒマラヤ山群が目の前にそびえていて、朝の冷たい空気の中でモルゲンロートを眺めるのは最高のぜいたくだ。知らない人のために説明すると、モルゲンロートとは、〝モルゲン〟がドイツ語で朝のことなので、朝ロートのことである。ロートはどうした、という問題は残るが、今日はこのへんにしておく。

ポカラはアンナプルナ（山の名前）のトレッキング基地であり、私は雪山を登ろうとは思わないけれども、途中まで行ってみた。登山口のフェディまでジープに乗り、さらに一日中登って峠のロッジで一泊し、折り返して別の尾根から帰って来たのだが、帰る途中ポカラを見下ろすサランコットという村まで来て、日が暮れてしまった。

道は一本だったので、夜道を下山することも不可能ではなかったが、なんとなく朝のヒマラヤを拝んで行くというのも一興ではないかと考え、宿を探した。前日のロッジからは曇って見えなかったのだ。

だが、あたりには壁が粘土造りで屋根を藁で葺いた家が数軒建っているだけで、ロッジはボロいのが一軒あったものの満室。

どうしようもないので、まあここは勇敢な私のことであるし、野犬も山賊も出るそうだが、じたばたせずに野宿しようではないかと腹をくくった。くくったけど、やっぱり念のため通る村人に他にロッジはないか聞いてみる。数人聞いて、みんな「ない」という返事だったので、ここはやはり男らしく堂々と異国の地で野宿するか、ふっ、今夜は血が騒ぐぜ、と思ったけどやっぱり少し遠くてもいいからロッジはないか、もう二、三人に聞いてみた。それでもやっぱりないという話なので、えぇぃ槍でも鉄砲でも持って来いと思い、一応子供にも聞いてみた。すでにあたりは真っ暗になっており、結局その子供の家に泊まることになった。

ここで、私の名誉のために付け加えておくが、その子供が、日本から重要な任務を帯びてやってきた私をねぎラーメン、いや、ねぎらうため、どうしても自分のうちに泊まってほしいと言ったとか言わなかったとか。

いきなり日本むかし話ふうになってしまったが、そんなことはどうでもよくて、彼の家も周囲のと同じように粘土でできており、屋根は藁葺きであった。窓はあってもガラスなどあるわけもない農家なのだった。

隣接した広さ三畳ほどの納屋に何に使うのか木製の台があり、ちょうどベッドに近い大きさなので、その上に藁を敷いて寝かせてもらうことにした。むこうも不信感があったのか、あるいはこっちの安全を配慮してか納屋には外からカンヌキが掛けられた。

閉じ込められた形の私ではあるが、それでも小さな窓から見える星々を眺めながら、こうして異国の山中でも眠る場所を得ることができましたのは心優しい神様のおかげもくそもなくて、小便したくなったら一体どうしてくれるのか、そこのところが一番気掛かりなのであった。


キスナは十五歳。

一家の長男であり、その下に弟や妹が三人いる。家に父親はおらず、聞かなかったのでどこに行ったのかは謎である。おそらく出稼ぎにでも行っていたのだろう。朝、子供たちと床に座って母親のつくってくれたカレーを手で食った。

床は土間で椅子とかそういうものはまったくなく、藁で編んだゴザに直にあぐらをかく。一階には玄関兼食堂兼居間であるその部屋しかなく、たぶん寝室になっている天井裏のような二階にハシゴがかかっていた。

カレーはでかいじゃがいもがボコボコ入っており、手で食うのは抵抗があったが(手洗い場もなかった)、結構うまかった。朝日が入口から差しこんで、それはそれは美しい光景かと思ったら、部屋中に舞う埃がよく見えて汚かった。

一晩泊めてもらったお礼にせめて金を払うと私は言った。その手をはらい、キスナは、

「俺は山のガイドをしてる。俺を雇わないか」と言う。

「もう山を降りるんだよ」

「ポカラを案内しよう。人の行かない湖もあるんだ」

今度は青春調に会話してしまったが、義理もあるので、ここは申し出を受けることにする。

なお今回は、どうも表現が繊細というか叙情的というか文学的というかブンブク茶釜というか、そんな感じである。静かな感動が心を洗う日本文学界不朽の名作になりそうである。

ポカラまで山を降りる。

キスナは、ガイドであるので荷物を持つという。まだ旅慣れていなかった頃の私の荷物は二十キロぐらいあったように思う。それを十五歳の子供に背負わせるわけにはいかないと反対したが、キスナはこんなの楽勝だと馬鹿にしたように言って、勝手に背負って走りだした。

走りだす瞬間に、ついて来い、みたいな口をきく。なめてはいけない。私は引退し

たとはいえ、かつて陸上部員だった男であり、短距離は結構速いのである。しかも身の軽さも尋常ではないのであって、山道を駆け降りるときの身のこなしときたら、それはそれは口に出すのも恐ろしいぐらい素早いのである。さらに相手は二十キロの荷物を背負っている。これではまるで勝負にならない。

そこで私はまず荷物のハンディ分の間合いをとり、さらに子供を相手にする分のハンディ、それに敵が土地に通じている分とこっちがもと陸上部である分とを相殺してから、駆け出した。急な山道を降りるときは、歩くより走る方がバランスが取りやすい。そのかわりこけるときはダイナミックであろうけれども、私に限ってそんなへまはしない。すぐに追いついてしまうであろう。

山道は一本で、確か下まで三十分ぐらいだったように思う。私はその実力をいかんなく発揮し楽勝で追いついてしまって狭い山道のことであるしぶつかって怪我でもしたらさあ大変と思っていたのであるが、キスナの体はあっという間に視界から消え去り、私が下に着いたとき、彼は私の荷物に座ってタバコをプカプカ吸っていた。

「遅いね」

と言う。何を言うか。や、山道は安全第一が私の信条なのであり、横断歩道も右見て左見てまた右であり、踏み切りは一旦停止であり、縦列駐車にS字クランクであり、そんなことより子供がタバコ吸うな。それからあと、ひとの荷物に座るな。

ポカラでは、『スノウランド』という安ホテルに滞在した。

これといって特徴のない、コンクリートの箱にそのまま白いペンキを吹き付けただけのホテル。公衆便所みたいだと気づいたのは、もうチェックインした後だった。

私はだらだらしていたが、キスナは私の五千円のデジタルウォッチを気に入り、腕にはめたままどこかをぶらついていた。どっちが旅行者だかわからない。

キスナのホテル代も食事代も私が払っていた。何だかもったいない気がするが、泊めてもらったお礼だと思って我慢した。キスナの方も、自分はガイドしてやってるのであり、金は雇い主が払うもんだと心得ているらしく、タバコを買っては、料金はあいつにもらってくれと私を指さしていた。

なんとなく、私は気分を害してきた。

そこで、だらだらするのにも飽きた頃、キスナにその人のいかない湖に案内してくれと言いつけ、出掛けることにした。

ベグナス湖は町を出て一時間半ぐらい、これといって特徴のないところで、浅瀬には緑藻が汚く淀んでいた。確かにわざわざここに来る人もいないだろう。キスナは島へ渡ろうという。島にもまた隠れた湖があるらしい。

手漕ぎボートを借りた。が、ここで私はひとこと言っておかなければならない。私にボートを漕がせたら、それはそれはもうただ事ではないのである。ボート競技の力強い漕ぎ方とは違って、公園ボートには公園ボートの漕ぎようというものがある。それに関して、私は小さい頃〝ボート池の長谷川さん〟と呼ばれ、町中で恐れられていたほどの人物なのだ。

キスナはまず自分で漕ぎ始めたが、これが下手くそで、たぶんあの感じでは初めてボートを漕いだに違いない。その場をクルクル回るばかりだった。だったらボートに乗ろうなんて言うなよ、と文句をつけたくなるような下手さである。見てはおれず、このままではいつになったら島に着くかもわからないので、私が交替した。

さあて目にものを見せてくれようと思ったけど観客がいないので、自分で目にものを見ることにしよう。

すると、どうしたことでしょう。二人を乗せたボートは水面を滑るようにスイスイと進んで行ったではありませんかというと、そんなことはなく、もともとボートの底が平らなので方向がろくに定まらず、目測で三十分と見た島まで一時間ぐらいかかった。ちょっと予定と違うが、問題はそんなことではない。その間キスナが舳先に座ってヒマラヤを眺めながらタバコをプハーとふかしていたことである。

おのれ、お前はガイドではないか。プハーは私のすることだ。

こいつは一発ガツンと言うたらなあかん。私は突如関西弁で強く思った。

島の湖を見た帰り、今度はお前が漕げ、と命令した。

時間がかかっても構うものか。ガイドはキスナなのだ。私はタバコは吸わないが、とにかくのんびりプハーするのだ。そのためにネパールに来ているのである。

キスナはしぶしぶ湖に漕ぎ出した。下手ではあるが、まったく進んでいないわけでもない。一時間かかっても構わん。時間はたっぷりある。

そのときである。

一天にわかにかき曇り、灰色の雲が山の方からむくむくとやって来たかと思うと、突然スコールが降り出した。はじめは水面に同心円がパラパラと撥ねているぐらいだったが、そのうち雨脚は激しさを増し、水面が雨に叩かれ無数の三角波が立つほどになってきた。なんだか息も苦しい。視界も霞んで、さらに悪いことに、ボートに雨水が溜まり始めたのだ。

もともと少しガタのきたボートではじめから少し浸水していたのだが、雨水が加わったことで、これはシャレにならんぐらいの勢いで浸水しはじめた。ちょうどそのときは運悪く、われわれのボートは島からも岸からも同じぐらいの距離にあって、どちらに戻るにしても三十分は漕ぎ続けなければならない状況だった。

私はキスナからオールを奪い、自分で岸に向かって漕ぎ始めた。キスナにはボートの水をかき出させる。

ボートが沈んでも泳げない距離ではないが、カメラは濡らしたくないし、貸ボート屋ともめるのは面倒だし、そもそも湖に何が棲んでいるかわかったものではない。ワニとかタガメがいるかもしれないではないか。

われわれは二人ともよくがんばった。自分で言うのも何だが、ボートはすごい速さで水面を飛ぶように走った。まさに危機一髪。必死で陸にたどりついたとき、両腕はパンパンに張っていた。

まあ、とにかくこうして、無事われわれは湖を渡りきり、今日も世界の平和は守られたわけである。

しばらく休んだあと、二人は心安らかにポカラへの帰途についたが、その行く手には、それはそれは大きな虹がかかっていましたとさ。めでたしめでたし、めでたいけども、思えば往復二時間、全面的に私が漕いだではないか。なぜ、私が漕ぐのだ。客である私がどうして二時間も漕がなければならんのだ。プハーはどうなったのだ、私のプハーは。

このプハー問題を境目に、私のキスナに対する気持ちは大きくバランスを欠いていった。それまではまだ、泊めてもらったお礼の気持ちが根強く心に残っていたのであるが、ここに来てはもはや、それはそれである。

私は意を決し、キスナのためにツインでとっていたホテル『スノウランド』をチェックアウトし、すぐ近くの『トラゴパン』に変更することにした。

「もう、ここまでにしよう」と私は言った。

「ガイド料金はいくらだ」

「好きなだけでいい」とキスナは言った。

「言ってくれ」

「普通は一日七十ルピーもらう。でもいくらでもいい」

それは日本円にして五百円程度だった。

しかし、こっちで払った食事代やホテル代はガイド料に入るのだろうか。そのへんの感覚がわからない。どうも値段をあずけられると弱い。ここで値切りに値切っても、好きなだけでいいというキスナは文句を言うまい。私の中で煩悶が始まった。

単純に二日分で百四十ルピー払うか。ふっかけていると見て半額ぐらいに値切ってしまうか。財布を見ると、百四十ちょうどはなくて、百ルピー札と五十ルピー札しかなかった。釣りをくれとは言いにくい気がする。

キスナは黙っている。

私は、自分の荷物をザックに詰めながら、頭の中でぐるぐる考えていた。考えながら、全然関係ないけど、靴下がボロボロでもう穴が二つ三つ開いていたのでゴミ箱に捨てた。Tシャツも破れているのをわざと持って来ていたので、もう汚れて着まいと判断したやつを一緒に捨てた。それをキスナが拾いあげ、

「いらないのか」と聞いた。

「いらない」

彼はそれを持って帰るつもりらしい。

キスナの家にいた彼の弟妹たちが目に浮かんだ。心に何かこみあげる温かいものがあったかというと全然そんなことはないが、教訓として、物質的にネパールよりもはるかに豊かな国から来た私は、ネパールの人々よりも少し足が臭めであるということを学んだ。洗って捨てればよかった。

私は百五十ルピーを渡した。

釣りをくれ、と言えずにそのままになった。

値切るどころか十ルピー余計に払ったことになる。が、日本円に換算すれば百円もしない。釣りをくれ、とひとこと言う方がそれよりつらいと思ったのだった。

キスナはサランコットの自分の家に帰り、私は『トラゴパン』に移った。便所は共同だが、明るくて清潔ないいホテルだ。

ベランダに出ると、キスナが通りを山の方へ歩いて行くのが見えた。

彼は一瞬振り返りこっちに向かって手を挙げ、私も手を挙げて返した。涙が少しこぼれた。なんてことは全部ウソで、ベランダからはただ、ヒマラヤの白い峰々が見えただけだった。

スーさんの屁こき馬

（ミャンマー）

ミャンマーは以前ビルマと呼ばれていた。

タイのアユタヤに行ったとき現地のガイドが、ブルマーが来た、ブルマーが来たと、さも苦々しそうに言うので、ブルマーが来たらうれしいじゃないか大歓迎だ、と思っていたら、ブルマーではなくてビルマが大昔アユタヤに攻め入った話だった。

が、まあそんなことはどうでもよくて、友人と三人でミャンマーを訪れたのである。

普通、私は旅行先の国に着いたらさっさと帰りの飛行機をリコンファームすることにしているが、首都ヤンゴン（当時）に着いたのが日曜で、航空会社のオフィスが開いていなかった。そこで、リコンファームは別の町から電話ですることにし、われわれはそのまま夜行列車に乗って北へ向かった。

目的地はパガン。

カンボジアのアンコールワット、ジャワ島のボロブドゥールと並んで、東南アジアの三大仏教遺跡のひとつに数えられるが、その二つに比べて今いちマイナーな観光地である。しかし、そこには二千を超えるたくさんのパゴダが大平原に点在する壮大な光景が展開していて、遺跡と地平線が同時に楽しめる希有なスポットでもある。

パガンに着いてチェックインしたホテルの前で、さっそく自転車でも借りて観光し

ようと思っていると、男が近づいて来て、

「馬車に乗らないか」

と言った。見ると幌付きの馬車が一台待っていて、それでパガンの遺跡を回ることができるらしい。自転車を借りる方が安いけれども、馬車に乗るのも一興かと思い、それで回ることにする。

男はぶっきらぼうな感じではあったものの、スーと名乗りながら、ちょっとだけ営業スマイルをしてみせたので、悪い奴には見えなかった。

さて、いざ出発と思うと、今度は白い帽子を被った少年が近づいて来て、

「ガイドを雇わないか」

と言う。ガイドを雇うと高くなるので、こっちは断ろうと思ったけれども、少年が英語の辞書を持っていて勉強中なんですという顔をしていたので、断り切れずに連れて行くことになった。少年はウィンウィンと名乗った。パンダみたいである。

「それはファミリー・ネームなのか、ファースト・ネームなのか」

と聞いてみると、

「私の全部の名前がウィンウィンです」

と答えた。最初のウィンが名字で、後のウィンが名前であろうか。そんなことはな

いだろう。よくわからない。

「ではスーさんは、スーで全部か」と聞けば、「そうです」と言う。これはスが名字で、ーが名前であろうか。謎である。

そういえば後に知り合った家族は、長女がララウィンといい、次男がチョウチョウウィンで、ともにウィンが後につくのでそれが名字かと思えば、次女がウィンマカイで頭にウィンである。これは予想外だったが、でもウィンが名字という点は間違いないかと思えば、長男がトゥンナインで、結局どうなっているのかさっぱりわからないのであった。


馬車が走りだす。

平原の爽やかな風が頬をなでて、とても心地良い。馬車にして正解だった。もし難を言うとすれば、荷台が後方に傾いており、あまり端にいるとずり落ちてしまいそうになるのが乗りにくいが、なるべく馬に近い前の方に乗れば大丈夫である。

それはそうと、リズミカルにブッ、ブッ、ブッと音がするので何かと思っていたら、顔の前で馬が走りながら屁をこいている。

見ていると時々糞もする。糞は重くて下に落ちるからいいが、屁はたぶん軽やかに風に乗って、当然荷台の方へ漂ってきているに違いなく、臭いはしなかったけれども何だか深呼吸したくない感じである。

「スーさん、馬が屁をこいています」

と文句言おうと思ったが、屁の英語がわからないので日本語で文句言うと、スーさんは馬の屁が混じった空気の中で静かにほほ笑んだだけだった。

大きなホテルに寄って、気になっていたリコンファームの電話をした後、シェジゴンパゴダという有名なパゴダを観光する。

ウィンウィンが日頃の勉強の成果を発揮せんとばかり、あれこれ英語で説明を始めた。しかし、彼の英語もつたなければ、われわれの英語も片言なので、まったくちんぷんかんぷんで、西暦何年頃ナントカ王がナントカカントカと聞いているうちにすぐ飽きてしまう。そもそも観光地の説明なんて日本語でさえ聞くのが面倒である。そこで三人、何となくウィンウィンの方を向きながらも徐々に遠ざかるようにしてその場を脱出し、勝手気ままに見て回ろうとすると、

「聞きなさい」

とそこだけ大人びた感じでウィンウィンがきっぱりと怒る。

いいよ、説明なんかいらないよ、と言おうかと思ったが、仮にもガイドであるから、

それでは身も蓋もない。そこで、ウィンウィンの注意がなるべく他人に向くように祈りつつ、自分だけ離脱して難を逃れようと思ったら、ウィンウィンは私に絞って注意を集中し、こいつだけは逃さんというようにぴったりとマークして付いてくるのだった。おかげで単独で離脱したつもりが、単独にウィンウィンを連れて回るような形になり、大失敗である。

「なぜ、あなた方は説明をじっとして聞けないのか」

シェジゴンパゴダを去るとき、ウィンウィンは馬車の中で怒っていた。

「僕はこのパガンのことを外国の人たちに知ってもらいたくて英語を勉強してるんだ。それなのにどうして聞いてくれないんだ」

そう言われると、われわれは言葉もない。気持ちはわからないでもないが、われわれの方としても面倒くさいという素直な気持ちは、如何ともし難いのである。場に少し険悪なムードが流れたが、その間、スーさんは相変わらず馬の屁の混じった空気の中で淡々と馬を駆っていた。

やがてタマヤンジーパゴダに着く。

これも観光名所になっているパゴダである。前で、若いきれいな女の子が路上に店を出していた。よく見ると若い女の子だけじゃなくて、他にも何人か店を出していたが、それはこの際見えなかったこととし、若い女の子の店の前だけぶらぶらした。するとその女の子が私を指さして話しかけてきたのである。

作戦成功だ。

ウィンウィンの通訳によると、その女の子は私の着ているTシャツが気に入ったらしい。ヤンゴンに来る前に、バンコクで買ったものだ。

そうなのか。

女の子は、自分の店で売っているフクロウのおみやげを差し出し、これをあげるからTシャツと代えてほしいと言っている。しかしTシャツを脱いであげてしまうと、私の着るものがない。

どうしようか悩む。悩むけれども、ミャンマーはまだまだ物がない国であり、困っている人を見ると助けてあげたくなるのが心情である。よし、あげよう。あげるぞ乙女。Tシャツの一枚や二枚どうということはない。もちろん、私の心にはその女の子がかわいいからとか美人だからとか、そういう下心は一切なかった。Tシャツをプレゼントしたいという純粋なる贈与の気持ちだけだ。

隣の店の子供もボールペンが欲しいとか何とか勝手なことを言っていたが、チャリティではないので却下した。その分、Tシャツに全ての人類愛を注ぐ所存だ。

私はしかし、今この場でTシャツを渡すわけにはいかないので、今日一日の観光が終わる夕方頃、女の子にホテルまで取りに来てもらうことにし、フクロウをもらっていったんその場を後にした。そしてスーさんの屁こき馬に乗りながら、『世界は一家、人類みな兄弟、一日一善』と一句詠んだのであった。

さて一日の観光を終え、ホテルに向かう。

途中、馬車の荷台から見る夕暮れのパガンが美しかった。空には星が輝き始め、風も涼しくなって、なんともいい気分だ。

馬は相変わらず、ブッ、ブッと屁をこいているが、だんだんそれも気にならなくなってきた。何とはなしにスーさんに齢を聞くと、二十二と答え、三十ぐらいと思っていたわれわれは少し驚いた。屁の成分に長くさらされたせいで、そんな顔になったのだろう。

ウィンウィンやスーさん、屁こき馬と別れ、ホテルに戻る。

女の子がすぐにTシャツを取りに来るはずだ。私は、ふと、社会の常識から考えて、その節は夜のお食事などにお誘いする必要なんかもあるのではないか、それが礼儀なのではないかという問題に思い至った。

そんなことのためにTシャツをあげたのではもちろんないが、Tシャツどうぞ、はいどうも、というのはあまりにそっけない。それにもしかすると彼女も本当はTシャツが目当てなのではなく、日本から来た素敵な男性に心ときめいた末の行動、この人の身につけているものが欲しいという学生服第二ボタンのような心理がそこに働いていた可能性もある。そう言えば売り子である。売り子なのにものを売ろうともせず、いきなりTシャツが欲しいなどと言うのは本末転倒である。私が上司なら仕事しろと説教していただろう。

ううむ、こんなところで思わぬ告白である。まだ必ずしもそうと決まったわけではないが、念のため私は、Tシャツを着替えついでにシャワーなど浴びておくことにした。さらに髪形も清潔な感じに整え、もしもの場合のレストランの当たりなどもつけつつ、ホテルの前で彼女を待った。

そのときちょうど鼻垂れ小僧みたいな子供が通りがかり、私を見るなり近寄ってきた。やばい。またボールペンくれとか言われるのではないか。そう思って目をそらし、あっちへ行けと念を送っていると、敵はますます寄って来て、私の持っているTシャツを見つけてしまった。

柄がとても派手なので、どうも目に止まってしまうのだ。しかも悪いことに欲しいと言っているようだ。何だお前は。鬱陶しいガキである。これはもう、売約済みだ。お前なんかにやるわけにはいかないのだ。

それでもなかなかしつこいので困っていると、英語を話せるミャンマー人が通りがかり、

「この子がTシャツをくれと言っている」

と通訳した。

「これはある人に渡すことになっているので、あげられない」

と答えると、その人は、

「この子はあなたが約束した女性の弟で、約束通りTシャツを受け取りに来たと言っている」

と言った。

へ？

……そうか。弟だったか。そういうことならば異存はまったくないのである。そういう約束だからな。私はTシャツを鼻垂れ小僧に手渡した。万事、予定通りだ。何も問題はない。私としてもフクロウのお土産ごときと引き換えに、バンコクで買ったば

かりの新品のTシャツを手放すことになって大変うれしい限りである。

翌日は、スーさんの屁こき馬にパガン空港まで送ってもらうことになっていた。

ところが、約束の時間になっても馬が来ない。ホテル前には他の馬車もいて、空港連れてくよと営業してきたが、屁こき馬と約束がある。約束を守らない方が悪いのだから、同じ馬車だし、そっちに乗ってもよかったが、スーさんの屁こき馬に一日の愛着がある。せっかくだから験をかついで、スーさんの屁こき馬でパガンの最後を飾りたい気分があった。

アジアのことだから多少時間にルーズなのはしょうがないだろう。しかし約束の時間を十分過ぎても二十分過ぎても全然来ないのである。飛行機の時間があるので、そうそういつまでも待っていられない。仕方なく三十分を過ぎたところで、他の馬車で行くことに決めた。

走りだすと、今度の馬も走りながらブッ、ブッと屁をこいた。

そうか、みんなこんなに屁をこくのか。知らなかった。屁こき馬なんて言ってすまなかったな、スーさんの屁こき馬。スーさんもほとんど喋らなかったけれど、いい男だった。ウィンウィンもいい奴だったが、みんなもう会うことはないだろう。

たった一日のパガンであったが、なかなか良かった。また来たい。

と思っていると、前方からスーさんの馬車が登場したのだった。どうやら十五分と五十分を間違えていたらしい。これだから英語は駄目である。フィフティーンとフィフティの違いだ。引っ掛けでやってるとしか思えない。

そこまで運んでくれた馬車に空港までの料金を払って、スーさんの馬車に乗り換えた。スーさんにも料金を払うのだから損したことになるが、それでもいい。パガンの最後がこれで落ち着いた。

空港までの道すがら、スーさんの馬は相変わらず屁をこき続けた。

スーさんは、これも相変わらず馬の屁の混じった空気を吸いながら、遅れてすまんとも悪かったとも何とも言わずに馬を駆る。

首都ヤンゴンへ戻ると、電話で確認したはずのリコンファームは全然入っていなかった。

ウミウシを呼べ、ウミウシを

（バリ島）

バリである。今や日本の若者の間で大変な騒ぎのバリである。リゾートなんぞにちゃらちゃら足を運んでるようでは男が廃るというか軟弱者というか、まったく日本の若い者も困ったものだ。私なんかもう二回も行った。

私は、そもそもリゾートなんて軟派な場所には、サイパンとプーケットとパタヤとタンジュンアルーとポナペとパラオとニューカレドニアとマイアミぐらいしか行ったことがないのだ。

サイパンでは、マニャガハ島で不承不承バナナボートに乗り、プーケットでは不本意ながらジェットボートにトライし、パラオでは好きでもないのにクルージングをし、ニューカレドニアでは寒い中、イルデパンの海に潜り、マイアミでは厭だと言っているのに水上スキーに挑戦するなど、本当につらいが、またどうしても私にマリンスポーツに挑戦してもらいたいという方はドシドシご応募ください。

バリでやったのはパラセールだ。パラシュートをつけ、モーターボートで引っ張ってもらう。十階建てのビルぐらいの高さにぐーんと上がり、足をバタバタしたり手を振ったりするあれだ。浜辺からぐんと一気に引っ張られて発進するときが最高に快感なのだ。また、いかにも鈍重そうなおばはんが、引っ張られる瞬間からこけてそのまま浜辺を引きずり倒され、体中ズルむけ血まみれになって海に引きずり込まれていくさまは、ダイナミックな夏の風物詩としてインドネシアの庶民に親しまれている。

それからマリンスポーツでは、シュノーケリングも好きである。しかし、ヌサドゥアやクタビーチの海はそれほど美しくなく、バリはシュノーケリングに向いてない。

そういえばシュノーケリングで思い出したが、スキューバダイビングはめちゃくちゃ流行っていて雑誌なんかもバンバン出ているのに、シュノーケリングの雑誌がひとつもないのはどういうわけなのか。

ガイドブックや旅行雑誌を見ても、ビーチがきれいとか体験ダイビングのことは書いてあるのに、シュノーケルで潜ると透明度がどのぐらいでどんな魚がいるとか珊瑚礁があるとかないとかどのへんがポイントとかそういうことがほとんど書いてないのは、一体どういう了見か。

何を隠そう私は大のシュノーケリングファンなのだ。もちろん私に限らず、世界にはシュノーケリングファンがたくさんいるのである。あまり知られていないが、日本でも正岡子規はかなりのシュノーケリング好きだったという（ウソ）。

『シュノーケルマガジン』とか『月刊大すもぐり』とか『潜水マニア』とか、せめて大きく譲って、旅行雑誌の中で『シュノーケル特集』とか、どうして出てこないのか。

おかげで海中がきれいかどうか行ってみないと全然わからないではないか。〝美しい珊瑚の海〟なんていう旅行雑誌のキャッチコピーも、余程の沖合に出なければそんなのはなかったり、海が遠浅で、いつまでたっても砂地で魚が少なかったり、なかなか南の島、即シュノーケリングに最適とはいかないのが現実だ。

砂地でもたまに魚がやって来るが、シュノーケリングファンの期待としては、もっと変な生き物が見たいのである。誰もはっきりと申し述べたことはないが、みんな変な生き物との出会いにこそときめきを感じているのだ。

例えば砂地でカレイなどが見られることがあるが、カレイ程度では変な生き物度は低い。ガンガゼ（トゲトゲの長い黒いウニ）やイソギンチャク当たり前。青ヒトデも二点どまりだ。

逆に納得のいく生き物といえば、例えばイカやタコだ（各五点）。しかしクラゲは減点の対象。根拠はないが、減点だ減点。カツオノエボシなどにいたっては、その後に難度Dの生き物を連発したとしても挽回は難しいだろう。高得点が狙えそうなのは、ウミウシだ。そうだ、ウミウシがいるじゃないか。ウミウシを呼べ、ウミウシを。

ではカニはどうか。うむ、問題は複雑である。カニは磯などにもいて決して珍しい生き物ではないが、観察できそうでできないのが磯のカニだ。誰もその姿を真正面五十センチ以内に捕らえたことはなく、いつも視界の隅のほうをカカッと通り過ぎるだけだ。そういう意味で水中で逃げ場のないカニを視野に捕らえることができれば、勝負あったと考えてもいいだろう。

一度桟橋の杭にしがみついていたカニを発見し、棒切れでつついて剝がして、そのまま広い海の方へ運んだことがある。実験的にどこにもしがみつけない状況に追い込んでみたのである。すると、ちょっと驚いたことにカニが泳いだのだった。

まあ、ああいう形の生き物であるから泳ぐというかワッフワッフと羽ばたくような感じで水中を移動するのだが、何かにしがみつきたいらしく私の方へ寄って来る。私はもともと海にある物ではないのだから、それを利用するのは反則だが、むこうはそうも言っていられないらしくワッフワッフと迫り来る。それを何度も棒切れですくい取っては遠くへ放り投げて遊んだのだった。

ところで私はなんでそんな無邪気な話をしているのであるか。よくわからないけど続けちゃうと、そのときはそれだけのことだったのであるが、翌日、別の海で泳いでいるとどうも背中がチクチクする。おかしいなとTシャツを脱いでみると、なんとシャツの背中にカニがしがみついているではないか。

全く違う場所だから同じカニであるとは思えないが、どうやらカニという生き物は私に抱きつきたいようである。というよりその後さらに、小さな魚が私の後を逃げても逃げてもついて来るという出来事もあったりして、どうやら私は海の人気者として密かなブームになっているらしいのである。我ながらヒューヒューである。

で、一体何の話をしているのかよくわからなくなってきたが、バリの話であった。

バリには会社の仲間数名で行った。てきとうに観光と海を楽しんだ後、夕方になって、マジックマッシュルームをやろうではないか、ということになった。

だが、どうすれば手に入るのかわからない。そもそも、マッシュルームは違法であり、ほんとか嘘か知らないが、外国人でも捕まれば終身刑だと聞いていた。

ふっ、男たるもの、そんな脅しはきかないぜチッチッチ、と脅しじゃなくて法律なんだけど、渋く目を細め、同僚のMと二人で町へ出る。普通の食堂を回っても、マッシュルームあります、なんて表示があるわけないので、声をかけてくる怪しげな兄ちゃんの中で比較的信用できそうなやつに小声で聞いてみた。すると、一瞬こっちをじろりと睨み、なんだか険しい目つきになって、

「人数は何人だ」と言う。

ん、突然のハードボイルドな展開だ。なんだか渋いので、すぐ答えるのはもったい

ない。Mも私も雰囲気で眉間にしわをよせ、別に意味はないけど目配せなどしてから、

「六人だ」と答えた。

「用意するから、夕方の何時にホテルの前の交差点へ来い。迎えをやる」

男はそう言い捨てて、足早に街の雑踏に消えた。ほんとは街も雑踏もなかったけど。指定された時刻に、その場所へ行くと、迎えをやると言っていた兄ちゃんが自分で迎えに来ていた。というか、たぶんそんなことはもともと言ってなかったのだ。私がちょっとハードボイルドタッチにしてみただけなのだった。

六人でトラックの荷台に乗り込む。こっちには若い女の子が一名いるので、われわれ男性陣は、彼女に何かあってはいかんと若干気が張っていた。マッシュルームでふらふらになっている間に見知らぬ男に連れ去られたりしては大ごとである。しかし同時に、マッシュルームが体に与える影響がどんなものか誰も知らなかったし、T先輩が、俺はもう普通のマリファナぐらいじゃトリップできないよ、と豪語していたこともあって、まあ何とかなるだろうと高をくってもいた。

連れて行かれたのは、繁華街の大通りから路地を少し入った、日本であればうどん屋みたいな普通の食堂。若くて純朴そうな女の子が待っていた。秘密の地下バーみたいなところを想像していたわれわれは、少し拍子抜けした。安っぽい木のテーブルに

座ると、兄ちゃんが、

「スープ、オムレツ、ジュース」と指を折る。

マッシュルームの調理法を選べといっているのだろう。私を含め四人はスープ、二人はオムレツを注文。ジュースというのはなんとなくおぞましいので誰も頼まなかったが、やがて出て来たスープもオムレツも、十分おぞましかった。しめじのようなマッシュルームがうんざりどっさり入っている。一同顔を見合わせる。

こんなに食って大丈夫なのだろうか、あるいはこのぐらい食わないとだめなのだろうか、そのへんがよくわからない。

さっそく食う。といってもためらいがあるので、ひとまず意味はないけど至近距離でじっと眺めたりくんくん匂いを嗅いだり、さらに状況に応じてスプーンの先でつんつんついたりし、それから全員で足並みを揃えて少しずつ食った。

半分ぐらい食ったところで冷静に自分を観察してみたが、何も変化は起こっておらず、これはたくさん食わないとだめなのだと判断し、結局全部食う。

何も起こらない。

何だ、たいしたことはないのか。あるいは効果は後で現れるのか。われわれはとにかく、来たときのトラックでホテルへ戻ることにした。こんな街なかでラリッてしまうわけにはいかない。

既に日はとっぷりと暮れ、空には満天の星々が輝いていた。夜風が頬に心地よい。そういえば、ここは南半球であるから、南十字星が見えるはずだった。O先輩が私の前に座っており、風になびく彼の髪が私の顔にチクチクあたって気になる。先輩の髪は緑色に光っていてネオンのようである。それが明る過ぎて南十字星がよく見えないのだった。

そもそも南十字星というとロマンチックだが、星座というのはどれも無理があるように思う。大熊とか子熊とか白鳥とかさそりとかに全然見えないのである。それよりもO先輩が私を見て光っている。何も光ることはないじゃないか。私が何をしたというのだ。緑色だと思っていた先輩の髪は、実は紫色でぐるりと顔を覆っていた。

ホテルに到着したが、部屋に戻る通路が上下に波打つので歩きにくかった。部屋でビートルズをかけると、音がとてもクリアに聴こえて素晴らしい。O先輩は髪を緑色に変えたり紫色に変えたりしている。どうすればあんなことができるのか。

Mが部屋のベッドの向きがおかしいと言い出した。ちっともそうは思わないが、それどころか壁にかかっている絵も傾いているおかしい、と言う。俺は曲がったことが大嫌いなんだと主張しているが、それは意味が違うような気がする。

O先輩が外へ行くと言う。外に出てふらふらしていたら捕まると私は思い、終身刑になっても知りませんよと言った。顔のまわりがネオン状に光っているんだからすぐバレるに決まっている。せめてそのチカチカするのを止めてから、行った方がいいですよ。何がチカチカしてるって？　顔のまわりですよ、どうやってそんな技を覚えたんです。お前何言ってるんだ、馬鹿。光ってますよ顔。光ってるわけないだろ、俺は外に行くぞ。

そうか私の目がおかしいのか。そういえば目を閉じると万華鏡みたいなのが見える。逮捕されないで下さいよ。捕まったらみんなアウトですからね。

私は急に胸が苦しくなってきた。カッ、と吐血。

血が出た。

驚いた。体が拒絶反応を起こしているのだ。血じゃないだろマンゴスチンだろ、とMは何だかわけのわからないことを言う。完全にラリっている。

医者に行くわけにはいかなかった。見つかって逮捕されてしまう。終身刑はシャレにならない。そういえばO先輩のことも心配だ。捕まるなら一人だけ勝手に捕まってほしい。しかし、問題は自分だ。医者にかかるはめになれば、自分のせいでみんな一網打尽にされてしまう可能性もあるのだ。ここは無事に乗り切らなければならない。

口に手を入れて血糊をすくい取った。かなりの量だった。だめだ。医者を呼ばないでくれ。医者を呼んでくれじゃないぞ、呼ばないでくれ、だ。結構いけるギャグじゃないか。私は混乱しているのを自覚した。こんなときにギャグなんかどうでもいいのだ。

目を閉じると万華鏡のようなウミウシのようなのが次々と枝分かれして不思議な光景を見せてくれていた。よっ、ウミウシじゃないか。

マンゴスチンだよ、マンゴスチンとMがまた言う。言いながら絵をいろいろ傾けてみては眺めている。変なやつだ。

私はベッドに潜りこんで耐えた。

冷や汗が出て来た。マッシュルームなんて食べなきゃよかった。たった一度の出来心で終身刑は馬鹿らしすぎる。

O先輩が戻った。ホッとする。

幸運にも私はそれ以上血を吐かなかった。洗面所で口の中をゆすぐと気持ちも落ち着いてきた。万華鏡もいつの間にか見えなくなっていたし、O先輩も光っていなかった。

マンゴスチンだって言ってるだろ。Mはまだおかしい。

と思ったら、私はマンゴスチンを食っていた。マンゴスチンは帰りに買って来た果物で、本当はマンゴスチンなのかどうか知らないでみんなそう呼んでいたのだが、その身が赤いのだった。血だと思ったのは、それだったのだ。私は血を吐いたつもりで、果肉の食べかすを吐いていたのだった。変なこと言ってるのは私の方だったわけである。

この間、約二時間。何だか面白かったのかつらかったのかよくわからない体験であったが、ガイドブックによると、マッシュルームを食べるとその人の性格が出るということらしい。

ということはつまり、私は大袈裟野郎ってことか。やだ、大袈裟野郎だけはいやだ。

悔しいので、唐突だが終わることにする。

標高5545メートルの真実

(ヒマラヤ)

山が私を呼んでいた。

白い稜線。抜けるような青い空。そんな光景が私の脳裏に焼き付いて離れない。山といえばまず思い浮かぶのは、世界の屋根ヒマラヤだ。どれでもいい、ヒマラヤのピークに立ちたい。私は衝動的にそう思った。エベレストそれ自体に登るのは私には無理だが、その近くまで行ってみたい。

調べてみると、カラパタールという五五四五メートルの山がある。

それがどういう所なのか、ガイドブックにも写真がないのでその姿かたちは不明だが、山頂からエベレストが間近にばっちり見えるらしい。難しい登攀《とうはん》技術は必要ないということだから行ってみようと思う。それでもその標高からしてかなりの山だろう。富士山でさえ三七七六メートルなのだ。

山頂で旗をバタバタさせながら、「エーただいま二時十二分ガガガア、宮田、加藤(仮)両隊員ただいまガガア、登頂に成功いたしましたどうぞ」という感じで記念撮影し、日本に帰ったら大いに自慢しよう。これは真の男の旅と言っても過言ではない。

カトマンズ発のロイヤルネパール航空十七人乗り小型プロペラ機は、ルクラ飛行場に向かって降下を開始した。

ルクラというのは、エベレスト街道の玄関口、つまりエベレストに登るクライマーのスタート地点になる村である。飛行場は、山の尾根を切り開いてつくられていたが、平坦地がそんなに確保できず、滑走路が坂道になっているという話だった。しかも舗装されていないらしい。そういうことなら、この件については考え直してやってもいいのだが、しかしもう私はプロペラ機に乗ってしまっていた。

仕方ないので、きっちりと万全の態勢を整えようと思ったら、もともとシートベルトもいい加減な飛行機であるうえ、隣のドイツ人らしき謎のおばはんの尻がでかく、私の体は自動的に通路に押し出されて、ひとり悲しい半ケツ態勢になっているのだった。こういうときは本来、スチュワーデスが素早く駆け寄り、謎のドイツ女に対して、

「お客様、お隣のお客様が半ケツになっておられます。どうぞもう少しお詰めくださいませ」

とか何とか注意するべきなのであるが、スチュワーデスは最初にアメ玉一個を配っただけで、以後二度と登場することはなく、やはり私はこの状態のまま静かに着陸するしかなさそうであった。

パイロットはパイロットで、乗客の心配をよそに、飛行中もコックピットと客室のドアを開きっ放しで新聞を読んでおり、一体君たちは真剣に着陸する気があるのかど

うなのか、と問い正したくなるぐらいみんな適当にやっているのである。

それでも、なんとか私の半ケツはルクラ飛行場に着陸した。無事でなによりだ。ルクラは、標高二八三四メートル。ここからカラパタールまで、標高差にして三〇〇〇メートル近くある。

着陸後すぐポーターを雇った。シェルパ族のまだ十五歳の少年だ。十五キロもあるザックを担がせるのはとても心が痛む。しかも、これから極寒地域へ行くというのに、シャツの上にフリース一枚、下は薄手のズボン一枚、靴は運動靴で靴下も履いていない。もっと何か着るものはないのかと聞くと、ノープロブレムだと笑った。買いたくても買えないのだろう。私はさらに心が痛み、日本に帰ったら彼らの生活の厳しさを深く噛みしめて今までの贅沢な暮らしぶりを反省し、謙虚な気持ちでテレビ見たりしゃぶしゃぶ食ったりしようと心に誓った。それに謙虚な気持ちでアダルトビデオも見たりしよう。

十分、心を痛めた後、出発した。

ルクラを出てからしばらくは谷間を行く。雪解け水が乳白色の濁流となって緑の谷間を削っている。途中パグディンという所で一泊して、翌日一挙に高度を稼ぎ、ナムチェバザールというこのあたりでは最も大きな町へ着く。この町は三四四〇メートル。太い尾根筋がU字形にえぐれたような斜面に、ロッジや家が張り付くように並んで建っている。郵便局や銀行があるもっとも山深い町だ。この先は小さな村しかない。ここで二泊。二泊したのは、高度に慣れるためである。

その後さらに進んで、標高はいよいよ富士山を超えた。三八六〇メートルのタンボチェという高台の草地に出ると、周囲には六、七〇〇〇メートル級の峰々が居並び、すでに天上の世界の感がある。明け方など、少し雪化粧した絶壁が圧倒的にそびえ立っている前で、遠近感も何もなくなっていき、自分は今どこにいるのか、そして自分は一体誰なのか、ひょっとしてキアヌ・リーブスではなかったか、などという思いに満たされていくのであった。

遠くにエベレストも見える。かなり遠いのでまだ手前のアマダブラムなどの方が高く見えるが、そのアマダブラムを回り込んだ先には、大いなる男の山カラパタールが険しくも厳かに私を待っているはずである。

四三〇〇メートルぐらいのディンボチェでまた連泊。四〇〇〇メートルを超えると、あたりに木も生えておらず低い灌木や雑草、苔などの地衣類ばかりの荒涼とした景色になってくる。

しかしそんな中にも、少しばかりの畑を石垣で囲い家を建てて住んでいる人がいて、ロッジもいくつかある。中に入ると二十人ぐらいの白人中年の団体が、ドミトリーをほとんど占領していた。

十月のエベレスト街道は、一年で一番人出が多い。冬に入る前の天候がもっとも安定する時期で、白人たちがどっさりとやって来る。その中にはエベレストの頂上を極めんとする純粋硬派クライマーも混じっているのだろうが、実際にはそういう人はあまり見かけない。大抵はヒマラヤの雰囲気を味わおうというアメリカ・ヨーロッパのトレッカーである。

本当に白人というのはどこにでもいるものだ。日本人には最果ての辺境のような場所でも、白人は気軽にいる。そして驚いたことに、どこで会う白人も同じ顔である。私は、本当は白人というのはこの世に百人もいないのではないかと踏んでいる。同じ人間をあっちこっちで使っているのだ。

四五二〇メートルのトゥクラで雪になった。

そういう悪い天気の夜に限ってうんこがしたくなるのが世の常だ。ロッジのトイレはどこも母屋から少し離れて建っていて、ここトゥクラでも、トイレに行くにはロッジの敷地を出て崖の上を数メートル歩かなければならない。その道が雪のせいで滑る。昼間は見えているからいいが、夜中にヘッドランプの明かりを頼りにトイレに行くのは少し危険に思われた。でもなるべくうんこはしたい。いや、ぜひしたい。結局、誰も見てないしそのへんでやっちゃえ、という建設的な意見が誰からともなく私しかいないけど提案され、満場一致で可決された。さっそく石垣の陰を私専用トイレに決め、効率を考えて、歩きながら尻を出しつつ敷地を出た。

その瞬間、背筋に冷たいものが走った。

ヘッドランプに赤目がどっさり浮かび上がったのだ。

私は息を飲んでその場に立ちすくんでしまった。な、なんだなんだ。

よく見れば、ポーターが使うヤク（高地にいる毛深い牛のような動物）たちが繋がれており、その目が一斉にヘッドランプに照らされて赤く光っているのだった。脅かすなうんこ垂れめ。いや、それは私だ。脅かすなくそったれ。あ、それも私だ。

夜中の動物というのはふと何か喋りそうな感じがして嫌だ。特にヤクや牛などグリグリ黒い目の動物は、何かこっそり考えているに違いない。うんこ中に「外は寒いな」とか声掛けられたり、静かにドナドナを歌われたりしたら間違いなくうんこ止まるので、やっぱりちゃんとトイレへ行くことにした。しかも背中を見せるといきなりすぐ後ろに来そうで、目を離さないよう後ろ向きにその場を立ち去った。

ロブジェ(四九三〇メートル)に到着したのは、ルクラを出てから九日目。高山病予防のため、一日三〇〇メートル程度しか登らなかったうえに雪で停滞した日もあったため、かなり遅いペースであった。しかしここまで来れば、カラパタールは目前である。

頭が痛い。高度障害が出始めているのだ。じっとしていると気にはならないが、頭を振ると結構痛い。それでもゆっくり来たおかげで、鼻血が出たり手足がふるえたりというような深刻な事態には至っていなかった。

翌朝、不思議な光景を見た。

ロッジの前の広場で、白人がゴムの袋のようなものに入って横たわっていたのだ。ゴム袋は、まるっこい棺桶のような形で、ちょうど人ひとりが中で横になれるぐらいの大きさに膨らんでいる。その形はツタンカーメンと呼ぶにふさわしかった。

しかし白人はなぜツタンカーメン化しているのか。

それが彼の趣味なのか。白人は個性を大事にすると聞いている。

あたりには白人の仲間とシェルパたちが集まって、中をのぞき込んでいた。ゴム袋には顔にあたる部分に小さな窓があり、そこから中が見える。仲間の白人たちの表情が険しかった。

しばらく見ていると、私のポーターがそばに来てゴム袋を指さし、白人が高山病にかかったのだと教えてくれた。

ツタンカーメンは、中に酸素を送り込んで下界と同じ気圧を作り出す加圧タンクなのだった。なるほどあれは高山病の治療をしているのだ。笑わせる形じゃないか。

七時。カラパタールへ向けて出発。いよいよである。ついにヒマラヤ五五四五メートルの頂上に立つのだ。それはそれは天にも届かんばかりの大いなる男の山に違いない。

私はクールマックスの下着にウールのシャツ、さらにセーターとゴアテックスのウインドブレーカーを着込み、手袋をして杖のかわりにスキーストックを持った。さらに毛糸の帽子を被って歩き始める。ザイルやアイゼンなどはまったく必要ないと聞いているが、それなりの服装と気構えは必要だ。

白人の中には高山病の薬を飲みながら登っている者もいて、さすがに五〇〇〇メートル近いだけのことはある。と思ったら、短パン一丁でへらへら笑いながら歩いているのがいた。凄い奴だ。白人のように見えて、謎のへらへら仙人かもしれない。

登りになると一歩一歩がきつい。体力的にというよりも、呼吸がとにかく苦しい。手足は平気でまだまだいけると思うのだが、息が続かない。三歩ごとに深呼吸をする感じである。息を吐く間に早くも酸素が足りなくなっていくのがわかり、時折荒々しい息をしても間に合わずパニックになりそうだ。先を歩いている人が、それだけでうらやましい。

高度障害の症状は人によってずいぶん差があるようで、まったく平気な顔でどんどん登って行く人もいれば、休んでばかりでちっとも進まない人もいる。私はどちらかというと遅い組である。

ストックが非常に重宝した。息が苦しくなると、杖に額を乗せて休むのだ。いちいち座ると立つのが面倒である。

すでに周囲には植物と呼べるものはなく、岩の世界が広がっていた。見上げれば、青空が黒い。宇宙が透けて見えているのだろうか。そう思うとちょっと怖いが、何にしても透けて見えるのはいいことだ。その黒い空に突き刺さるように、プモリ、ヌプツェなどの七〇〇〇メートル級をはじめとした、もうどれがどれかもわからないたくさんの山々がずらずら並び、山好きなら黙ってはいられない大展望が開けている。

だが、どういうわけかカラパタールが見えなかった。地図によればもう見えていいはずである。おかしい。ロブジェからは一本道で、道を間違えたとは考えられない。

目の前には、学校のプールほどもある泥の水たまりと、ボタ山みたいな茶色い盛り上がりと、岩のゴロゴロした採石場のような氷河が大ざっぱに展開していた。氷河といっても氷は岩の下に隠れているため、幻想的でもなんでもない。上空の壮大な景観に比べて、あたりはなんだかみすぼらしいのだ。男の山はどこだ。私はこんなところに来たかったわけではないぞ。

やがてしばらくヌプツェの裏に隠れていたエベレストがもっこりと黒い姿を現した。ちょうどピラミッドのような三角形で、斜面が急なためか風が強いためか雪があまりついておらず、そこだけ黒い。もっこりと三角形で、そこだけ黒いのである。子供には見せられない光景だ。

白人たちは茶色いボタ山状の盛り上がりの方へ向かっていた。ボタ山の裏にカラパタールの山頂があるのだろうか。

息も絶え絶えになりながら、ボタ山の頂上に到着。瓦礫の上に立っているような所で風情もくそもないが、ここはちょうど盆地の底のような場所でヒマラヤがぐるりと見渡せ、展望台としてはなかなか結構いいポジションなのだった。

エベレストだけでなくその手前のヌプツェ、北のプモリが圧巻である。さらにエベレスト直下には、それなりに青く透明でギザギザした氷河も見える。歩いてきた採石場のような岩氷河とは違う。時折どこからか、どど~んという雪崩の音も聞こえてくる。だが、肝心のカラパタールだけはどこにも見えなかった。

ふと自分の周囲を見ると、白人たちが満足げに写真を撮っている。

私は悪い予感がした。

ひょっとしてこの茶色いボタ山状盛り上がりがカラパタールなのではないか。いや、まさか男のカラパタールがこんなふぬけた山であるはずがない。ふぬけどころか、こんなものは山でもないぞ。そうだそうだこんなのは山じゃない、と強く心でうなずきながらも、私は決定的に気づいてしまっていた。

ヒマラヤでは、五五四五メートルは盆地の底なのだった。

謎の女
一号二号

(タイ)

バンコクといえば、パッポン通りである。名前からしていかがわしい。〃パッ〃まではいいが、すかさず〃ポン〃とくるところが、どうしようもなくいかがわしい。

実際、パッポン通りを歩いてみれば、怪しげなネオンが夜の空に煌々と輝き、派手な音楽のかかったHな店が、選ぶに選べないほど、どしゃどしゃ並んでいるのだった。どの店も無垢な観光客を誘うように扉を半開きにして、店内の様子をチラリチラリと見せつけるのだが、たいてい半裸の美女軍団がステージの上で音楽に合わせてクネクネ踊っている。そんなふうにクネクネされると、いくら私のような全面紳士的純情好青年でも、一瞬はっとしないわけにはいかない。そして、そのはっとした瞬間には、もう客引きの魔の手が迫っていて、

「シロクロショー、シャワーショー、ヤスイネ」

と日本語モドキで話しかけてくるのだった。手には、日本語でさまざまなショーの名前が書かれた紙切れを持っていて、バナナ切りショーとか、風船割りショーとか、栓抜きショーとかなんだか、店内はサーカスまがいの展開になっているようなのである。

もちろん私にはそんな下品な世界は一切無縁、色即是空なのであるが、好き嫌いは

良くないと四年三組の春名先生も言っていたので、ここはちょっと中をのぞいてみる。当然、読者はわかっていることと思うが、これはあくまでタイの真実を見極めるためであって、下心とか出来心の類いでは一切ない。

私の入った店は、いかがわしいわりには明朗会計で、ビールやジュースを定価の倍ぐらいの値段で飲めば、じっくりショーを見ることができた。先に半裸の女性と言ったが、実は夜も更けてくると、彼女たちは全裸になってしまうのだった。それが、みんなスタイルも良く、セクシー極まりないのだ。もちろん、これはタイの社会問題を深く考察するためであるから、スタイルはどうでもいいのであって、これらの女性たちがとても若いという事実について考えなければならない。

十五歳ぐらいではないか、と思える女の子もいる。彼女たちは農村から苦しい家計を助けるために出稼ぎに来ている、という話をよく聞く。われわれは、この現実から目を背けてはならない。タイの真実はここにある。目を開いてよく見なければならない。

そしてこの現実を正面から目を見開いてじっくり見据えた結果、私はいつの間にかアホ面になっていたので、ふと我に返って険しい表情で立ち上がった。

こんなことではいけない。野卑な買春観光客と同じではないか。まったく情けないにもほどがあるが、情けなついでにマッサージの店も見に行った。マッサージとはつまり売春のことである。

薄暗い店内にはガラスで仕切られた一角があり、その中がひな壇状になっていて、女性たちが百人近くも座っていた。ガラスの中は明るく照らされていて、ガラスのこちら側から女性を選ぶことができるようになっている。若い少女のような娘もいれば、ちょっと考えさせてもらいたいようなオバハンもいた。

全員胸に番号札をつけており、気に入った女性の番号を店員に告げると、女性がガラスの向こうから春を売りに出てくるわけである。このガラスは言わば商品の陳列ケースというわけだ。日本人観光客の間では金魚鉢と呼ばれている。タイの厳しい現実の一端をかいま見る思いがする。ガラスの中の照明がきついため、女たちは白くふっくらして見えるが、実際出てくると結構細いことが多いようだ。見た目で細い人を選ぶと、ガリガリだったりするから注意が必要である。

おや、いつの間にか買う人の視点になっている。いかんいかん。いかんけれども、実際に直接彼女たちと話をしてみるというのも、真実に迫る貴重な一歩なのではないか。私はただ劣情に流されて行動しているようだが、実際は着実にタイの真実に近づきつつあるのではないか。そうなのではないか。

この後、私がどうなってしまったのか謎は謎を呼ぶところであるが、話は唐突に街なかに移動する。お、何だいきなりじゃないか何か隠しているのではないか、やましいことでもあるのではないか。という疑念につきましてですが、秘書のほうより何もなかったという報告を受けております。

「あなたの泊まっているホテルは安い？」

と女は聞いてきた。知らない女だ。

泊まっているチャイナタウンのホテルから、朝、両替しようと出掛けたときのことだった。ほんの百メートルぐらい歩いたところで、突然声をかけられたのだ。

女は派手なグリーンのワンピースを着て、化粧は濃いが美人であった。

「一泊八十バーツかな」

私がそのとき泊まっていたのは、エアコンもなく天井に扇風機が回っているだけの安ホテルで、「そんなに安いの」と女は驚いたようすだった。

「そこに移りたいわ。今のホテル高くてまいってるのよ、場所教えてくれない」

安いホテルを探しているらしい。

「あれだよ。見えるだろ」

私は振り返って、自分のホテルを指さした。五階建ての薄汚い建物で、一見取り壊し中のようにも見える。だからその外観だけでも、よく見てから決めた方がいいと親切心で指し示したのだが、女はあまり驚いた様子もなかった。現地の人間にすれば、あのぐらいどうということはないのかもしれない。

「わかったわ。ありがとう。荷物運ぶの手伝ってくれないかしら」

女はそう言って、少しだけ肩をすくめた。何やら急いでいるようだった。荷物を運ぶぐらいなら手伝ってもいいように思えた。どうせ時間はたっぷりある。今日は何をしようか迷っていたぐらいだ。

「手伝ってくれる?」

「わかった」

私は、女が高くてまいっているというホテルがどれかとあたりを見回したが、彼女は手を挙げてタクシーを止めた。このあたりではないようだ。確かにこの近辺は安宿が集まっている場所だから、高くてまいってしまうようなホテルなどなさそうだった。彼女は、わざわざこの安宿街までやって来てホテル探しをしていたわけだ。

タクシーは、チャオプラヤ川を渡って西へ向かった。こっちの方にもホテル街があるのか。私はまだバンコクの地理をよく把握していなかった。しかし、タクシーはいつまでも走り続ける。どこへ行こうというのか。少し遠いのではないか。

なんだか不安になってきた頃、ようやくタクシーは路地裏のような場所で止まった。そこには確かにホテルがあった。高級ホテルというほどではなく、場末の無粋なビジネスホテルという感じだ。駐車場のようなところから中に入ると、いきなりドアが並んでいてそこがもう部屋なのだった。なんだか変なホテルだ、と思ったのもつかの間、部屋に入って謎が解けた。

ピンク一色に塗りたくられた内装、大きなダブルベッド。必要以上に大きな鏡。どこかで見たようなこの雰囲気。そう、そこはラブホテルだったのだ。日本のと変わらない。

怪しむ私の疑いを晴らすつもりか、

「いいホテルが見つからなくて、女友達と二人でここに泊まっているの」

と彼女は言った。

実際そこへ、女友達というのがすぐに現れた。美人とは言い難い太めの女で、しかしどこか冷たいところのある化粧の女と好対照に愛想がよく、あら、かわいい男の子ね、みたいなことを言いながら、私をじろじろ眺め回した。

荷物はどこにあるのかと私が聞くと、太めの女はベッドに腰を降ろし、まあまあ座りなさいよ、と言って自分の横をバンバンと叩いた。

私が座ると、彼女はちょっと不自然なくらい身を寄せてきた。

「あなた、かわいいわね」

そう言って、右手をゆっくり私のズボンの上に這わせてくる。

待て待て。待つのだ。貴様は一体何をやっておるのか。私はそんなことをしに来たのではないぞ、荷物を運ぶのを手伝ってくれというから、来たのであって……。と、まだ何か言いかける私に、太め女は上目使いでこう言った。

「エンジョ～イ」

な、なんだなんだ、この女は。頭がおかしいのではないか。私は女の手を押しとどめ、化粧の女に、こいつをなんとかしてくれという目を向けた。この変な友達に、私がここにやって来た使命についてきちんと説明するのだ。すると、化粧の女はククと笑いをこらえながらこう言うのだ。

「エンジョ～イ」

な、何を言っておるのか、おまえまで。私は開いた口がふさがらなかった。何がエンジョイか。しかもエンジョ～イと語尾を延ばしている場合ではない。さらにあろうことか、その間にも、太め女は私のズボンのチャックを下ろそうとしているではないか。

な、な、な。もう言葉も出なかった。

「オオ、ビッグ」

厭味か。

このときの私には、誓って下心はなかったのである。こんな状況でこんな女に性欲もくそもない。しかし、彼女は執拗だった。私のウエストバッグをはずし、上半身には目もくれず、ひたすら下半身を我がものにしようとやっきになっている。ど〜んと突き飛ばして、やめろと言えば済むのだろうが、いくら理不尽なのは向こうとはいえ、女性を手荒に扱うのはためらわれた。

一体何がどうなっているのだ。荷物運び問題はどうなってしまったのか。目下の状況は正しく進行しているのだろうか。いや、どう考えてもこれが正しい荷物運びとは思えない。私の下半身に、いきなり会ったばかりの女性を狂わすほどの魅力があったとも考えにくい。何かが違ってしまったのだ。

全面紳士的好青年としてはここはなんとか丁重にお断り申し上げたいところだが、ことの発端である荷物運び依頼人たる化粧の女も〝エンジョ〜イ二号〟と化して、ときおり太め女に加勢して私の手を押さえ付けるに至っては、お断りもくそもないのであった。

私はそのときすでにほとんど下半身があらわになってしまっていたが、そのまま暴れるように身を振りほどいて立ち上がった。

女たちはさすがに、追いすがってしつこく手を伸ばしたりはしなかったが、私がズボンを上げ身支度をしている間も、エンジョ〜イとかビッグとか言いつづけていた。

私は帰ると言ってホテルを出ると、女たちがクスクス笑いながらついて来た。

荷物なんて嘘だったのだ。私をからかうつもりだったのだ。彼女たちはタクシーを止め、私を乗せ自分たちも乗り込んだ。もとのチャイナタウンに送ってくれるということか。

何だったんだ、いったい。

しばらく町の方向に向かって走っていた。ふと、私は悪い予感がして、自分のウエストバッグを開けて中身を確認しようとした。

そのとき急にタクシーが止まり、女たちが「降りて」と言った。どこかに着いたのだろうか。私が降りると彼女たちは降りて来ず、そのままドアがしまって、あっと思ったときには、タクシーは走りだしていた。

やられた、と思った。

そうだったのだ。その場で確かめてみると、予想通りウエストバッグの中から日本円で現金五万円が抜き取られていた。

やはりそういうからくりだったのだ。エンジョ〜イ一号がウエストバッグをはずして床に落とした後、エンジョ〜イ二号がベッド際に立ったままで、上体は私から見えていたから疑ってもみなかったのだが、おそらく足でウエストバッグを開き、金目のものを足先で取り出してベッドの下かどこかに隠してしまうのだ。ひょっとして物盗りなのではないか、と実はそう思って警戒もしていたのだが、まんまとやられてしまった。

今にして思えば、当たり前のことではないか。どこのもの好きが男をホテルに連れ込んで、いきなりエンジョ〜イなどとコカコーラみたいなことを言うものか。しかも、ビッグなどと、明らかに嘘とわかる嘘まで。

なんということだ。私としたことが、こんなわかりやすい手に簡単に引っ掛かってしまった。しかも、決して下心があったわけではなく、荷物を運んでほしいというから親切でついてきてやったのに、なんという仕打ちだ。

こうなった以上はすかさずタイの警察へ駆け込んで、悪魔のエンジョ〜イ一号二号のたび重なる悪業非道の数々を、洗いざらい細大もらさず全部ぶちまけてやろうかと思ったけれども、ひとつしか知らないので、ひとつだけぶちまけてやる。ひとつだけ全部ぶちまけてやるぞ。

私はしばらく激高したが、しかし警察にぶちまけたところで、現金が帰ってくるとは思えなかった。むしろ、自分の恥の上塗りをするようなもので、警察に出向くことさえ気が重い。

そしてよくよく考えてみれば、そんなことより何よりもまず、私は目下どういう場所、どういう通りに立っているのか、そしてポケットの小銭で果たしてチャイナタウンに戻ることができるのか、さらに今後タイでの生活を、差し当たってまずはホテルの支払いをどう済ませ、どうやって生きていくのか、ということが最優先課題としてにわかに浮かび上がってきたのであった。

死海と肛門の秘密

（イスラエル）

イスラエルの首都テルアビブへ向かう国営エルアール航空は、搭乗時のボディチェックの厳しいことで有名だ。

荷物はすべてひっくり返されるし、ズボンは脱がされ、カメラのシャッターを地面に向けて切らされる（銃でないことを確認）。さらに、二人以上の職員に渡航目的や行動予定などを十五分にわたり尋問される。日本人には特に厳しいのである。かつて日本赤軍がテルアビブ空港で銃を乱射し、多くの死者が出たためだ。

私は怪しまれぬよう、軽く口笛など吹きつつ、とっさに一般庶民を装ったが、生まれついての気品は隠し切れず、尋問前に「もし、出発時間が来ても尋問が終わらない場合、飛行機はあなたを置いて出発しますから、ご了承ください」と言われた。金払ってるんだからそんなことご了承するわけにはいかないが、敵も有無を言わさぬ気配であった。

そのほかイスラエルに入国するとき、気をつけなければならないのは、パスポートにその入国スタンプが押されてしまうと以後アラブ諸国へは入れなくなってしまうことだ。だからイミグレーションでは、別の紙にスタンプをもらうようにする。シリアに入国しようとして投獄されてしまった日本人もいると聞いた。

世界有数の緊迫地帯、中東。

なんとなく、タラップを昇る自分の表情が険しい。これ以降、私の背後に近寄る者は、たとえそれが不注意であってもその命は保証できない。

エルサレム旧市街は石の迷路のようになっていて、たった一キロメートル四方の地域に、キリストが磔にされたゴルゴダの丘、そこに建つキリスト教の聖地『聖墳墓教会』、マホメットが昇天した岩に立つイスラム教の聖地『岩のドーム』、イスラム教徒によって破壊されたユダヤの教会の唯一残った壁『嘆きの壁』（ユダヤ教の聖地）などが集中する、必然的に宗教対立は避けられない土地柄である。

ゴルゴダの丘というのが名前の響き的にも緊迫感を醸し出しているので、そこへ行ってみたが、丘がない。全然平らだった。丘にあると聞いていた聖墳墓教会がまわりと同じ高さで建っている。まあ、丘のひとつやふたつなくなるぐらいよくあることだ。『嘆きの壁』の裏は『岩のドーム』になっており、エルサレムでも最も緊張度の高い場所と言える。その名の通り、ユダヤ教徒がいつも壁に向かってブツブツ言っている。わしらの教会をどうしてくれんだよ、まったくなあ、困るんだよなあ、と嘆いているのだろう。

私も彼らに交じって、ブツブツ嘆いてみようと思ったが、さしあたり嘆くこともないので、歌を歌っておいた。壁に向かって嘆いてばかりいると、あんまり前向きな気分にならんような気がする。

街では、巡回するユダヤ人兵士に向け、時折どこからか石が飛んでくることがある。公共施設は学校からバスに至るまでユダヤとアラブで厳然と分けられていて、アラブ人の店はインティファーダ（蜂起／抵抗）といってすべて閉まっている。それでは食っていけないではないかと思うが、開ければ同胞から報復されるそうである。

ユダヤ人地区とアラブ人地区の格差は非常に激しく、日本の代官山あたりのイメージのユダヤ人地区高級マンション群と、インドのスラムに近いアラブ人地区貧民住居が、ほんの二百メートルぐらいの距離で隣り合っている。それが旅行者にとっては不思議な魅力を感じさせるのだが、住んでいるアラブ人にとってはちょっと納得がいかんだろう。

『荷物は肌身離さずに』という看板があちこちにあるのは、テロを警戒してのことだ。旅行者がかばんのもとを離れたら最後、かばんは謎の怪しい危険物と見なされ、半径五十メートル以内立入禁止となって、遠くから銃で蜂の巣にされたり、爆破されるという。

おかげで一人旅の私は公衆便所でもザックを背負ったまま小便するハメになり、終わってからゆすると、ザックの重みでナニを出したまま便所内をふらふら歩き回ってしまった。変態と思われても仕方がない。

アラブ人地区にあるユースホステルのドミトリーへチェックイン。日本人の貧乏旅行者たちと同じ部屋になる。中にヨルダンからヒッチハイクで来たという若者がいて、アラブ人にはオカマが多い、と言った。文脈とあまり関係ないが、彼の話を紹介しておく。

ヨルダンでヒッチしているとき、歳のいったおっさんの運転するトラックに乗せてもらった。おっさんは、しばらくするといきなり自分のナニをズボンからとり出した。驚いた彼は、敢えて無視して窓の外を眺めていたが、おっさんは、「おまえ、これを見ろ」と言う。それでも無視していると、おまえのも見せろ、と言いはじめ、鬱陶しいので完全に無視すると、しまいには、「おまえ、日本人だから小さいんだろう、日本人は小さいと聞いているぞ、だから見せられないんだろ」とからんできた。

彼は自信があったので、そうまで言うんだったら絶対ハンドルから手を放すなよお前と言い含め、どうだとばかりに見せたらしい。見せろと言う方も言う方だが、見せる方もどうかしてると思う。結局、大きさ的に彼が勝って、事なきを得たという。

中東は本当に危ない。

危ないけれども、そうは言っても私は何か物足りなかった。地域紛争真っ盛りを予想していたわけではないが、それにしても思っていたより街は平穏過ぎた。不謹慎かもしれないが、もっと危険な何かを期待していたのだ。

そうだ、ウエストバンクに行こう。と私は思った。

銀行ではない。イスラエル＝ヨルダン国境、世界有数の紛争地帯である。あそこはまさに紛争の真っ只中だ。

イスラエル＝ヨルダン国境は、イスラエル側の地図によるとヨルダン川と死海を境界線としている。しかし、ヨルダン川の西（つまりイスラエル側）にはパレスチナ人の住むウエストバンク（西の土手）と呼ばれる標高差一二〇〇メートルの広大な斜面があり、アラブ側はそこはアラブの土地だと主張している。

この斜面は、エルサレムまで登りつめるが、そのエルサレムまでがアラブのものだということである。どちらの主張にも政治的根拠はあるのだろうが、「イスラエルが占領している」というのが大かたの国際世論だ。

そんな場所へ単身乗り込もうというのだ。危険だ。あまりにも危険過ぎる。

ウエストバンク最大の観光ポイントは死海。実質的なイスラエル＝ヨルダン国境である。塩分が濃いために生物は一切生存できない湖だ。

予定より一時間遅れのバスに乗って不毛の斜面を下った。宿を出るときホテルの従業員に、いらなくなったホカホカカイロをあげた。なんだこれはと言うので、こうやって使うのだと、中身を取り出してシャカシャカ振ってみせると、紅茶か、ありがとう、と彼は大いに勘違いしていた。あんな変な物をつくるのは日本人ぐらいなのだ。

エルサレムの標高八〇〇メートル、死海は海面下四〇〇メートルにある。

広大な斜面にはほとんど草も生えておらず、ただ横断歩道も信号もない道路だけが走っている。時折、砂漠の民ベドウィンの黒いテントが道路脇にポツンポツンと現れ、そこだけ大昔から続いてきた生活がある。不思議なものだ。電気も水道もない暮らしをしていたら突如道路が敷かれ、バスや車がドカドカ通るのだから、ベドウィンも何がなんだかわからなかったろう。

走っている途中いきなり、窓を閉めろ！　はやく閉めろっ！　と誰かがわめいた。あわてて防弾のガラス窓を閉め、ついにイスラエル軍とアラブ人の衝突かとあたりを見回したが何もない。どうしたのだ。何があったのだ。

それは、ゼロレベルを過ぎたので海水が入ってくるぞ、というただのギャグであった。このバス定番のギャグらしい。あちこちで窓を閉めて笑われている観光客がいた。座席の中に身をかがめている人までいた。私もだ。ふざけんな。簡単に引っ掛かってしまったようだが、これも敵の目を欺くため。私がそんなギャグを見破れないわけがないではないか。

やがて死海が見えてきた。ほんものの海より青い。対岸はヨルダンだ。イスラエル軍のジェット戦闘機が轟音とともに飛び去っていく。

来た。ついに来たぞ。世界で最も危険な場所。

バスは、死海のほとり、コンクリートのドライブインのような建物の前で止まった。私はゆっくりとバスを降りる。なにしろ緊張のウエストバンクである。くまなく周囲に目を配り、突然の敵の来襲にも備えて、警戒態勢をとりながら建物の方へ移動。スキを見せては一生の不覚だ。

ドライブインの入口には、アイスクリームを売る謎の店と、キオスク風の怪しいお土産屋が展開し、いやがうえにも緊張は高まる。さりげない店員の表情も、どこか臭う。私はすばやく奥へ進み、ロッカーの陰で不測の事態に備えて用意しておいた高性能海水パンツを装着した。

建物を死海側に出ると、またファントムの轟音だ。一瞬、首をすくめた後、一挙に水際まで走る。砂浜が長い。

いや、よく見ると砂浜ではなかった。塩の浜だ。塩の結晶が白い浜をつくっているのだ。死海をのぞき込むと、塩分濃度が高いとはいえ結構透明である。底は塩で真っ白く堅い。

意を決し、臨戦態勢の素早い動作で海中に身をすべり込ませると、激しくプカプカ浮いてみせた。

見ればあちこちで太った白人たちが死体のように浮いている。

これが死海なのだ。死海というと誰もがやってみる浮きながら本を読むというポーズがやはり流行っていたが、それほど気軽に浮くものでもない。それなりにみんな腹筋背筋などに力が入っていた。私も一見観光客を装い無防備に浮いてはいたが、実は頭の中ではしっかり別のことを考えていた。

肛門が痛い。

入ってから、ものの二、三分しかたっていないというのに、塩が私の肛門を蝕んでいるのだ。言っておくが、私は痔ではない。その証拠に、あたりでもみんな肛門を押さえながら二、三分であがっている。全員痔ということはあるまい。粘膜などの弱い部分に塩が染みるのだ。傷口などは水につけないほうがいい。

さすが国境地帯、ただでは帰さない。

ドライブインに戻ると、湖に向かってビーチパラソルが並んでいる場所があった。デッキチェアに横たわる白人たち。ドライブインの中には円形のプールがあってブヨブヨした白人が、だらしなくつかっている。スパとかなんとか書いてあるところを見ると、温泉になっているらしい。ビーチパラソルといいスパといい、まるで観光地ではないか。私が来たかったのは、こんなところではない。

早々に切り上げ、バスで次なる目的地マサダへ向かった。

マサダというのは、死海のほとりにそびえ立つ岩山の要塞で、かつてユダヤ人がたてこもり、全滅の憂き目にあったという古代都市の遺跡だ。遺跡とはいえ要塞である。しかもユダヤ人ゆかりの地とあれば、イスラエル軍の秘密基地があると考えてもおかしくない。行動は慎重をきわめなければならない。

岩山の麓に到着すると、頂上に向けてロープウェーがかかっていた。この危険地帯に似つかわしくない脳天気な黄色いゴンドラが降りてきたが、油断は禁物だ。乗りこむ人間たちは怪しさいっぱいである。

派手なシャツに、野球帽を被ったガキの軍団。モサド（イスラエルの諜報機関）の特殊部隊に違いない。学徒も動員されているのだ。急に古い言葉になってしまったがそういうことなのだ。

「チーノ、チーノ」とガキどもが私を中国人と間違えるので、

「ジャパニーズだ」と言うと、

「オオ、ブルース・リー」とか言う。

馬鹿なガキどもだ。イスラエルの未来は暗い。

私は岩山の上から死海を撮影しようとしたが、その度にカメラの前を走り過ぎるガキの波状攻撃によって妨害された。うむ、恐るべし。やはりこの景色のどこかに、イスラエルにとって見られてはならない施設、いや、はっきり言おう、秘密基地が隠されているのだ。このままでは、自分の身も危ない。

すると、野球帽のガキどもが、みんなして何か箱のようなものを取り出した。おお、ついに恐るべき最終兵器の登場か、と見ていると、そこにはサンドイッチなどが入っていた。弁当やんけ。

結局、このガキどもは、ただの遠足に来ているのではないか。遠足に来てはしゃぎ回って弁当食ってるだけではないのか。

どこもかしこも観光地ではないか。

私は、落胆と安堵の入り交じった気持ちでエルサレムへ戻ることになった。どうなっているのだ。聖墳墓教会も嘆きの壁も白人観光客のオンパレードだ。世界で最も危険な場所ではなかったのか。中東問題は一体どうなっているのか。

私はエルサレムをひき払いテルアビブへ向かった。緊迫はむしろそちらにあるのではないか。エルサレムは聖地であり、そこには神の前で無用な争いは避けようという心理が働いているのではないか。そうだ、テルアビブだ。敵はテルアビブにあるのだ。バスは、エルサレムのある丘陵を今度は西へかけ降りる。一時間で首都テルアビブだ。

やがて、遠くに高層ビルが見え、エルサレムとは雰囲気がまったく違う大都会が現れた。バスターミナルで市内線に乗り換え、海近くのベンイェフーダ通りで降りる。最初に目についたユースホステルに決めて荷物を預け、海の方へ歩いた。私は緊張の面持ちで、いざというときは相応の行動がとれるよう少し背をかがめ、慎重に周囲に目を配りながら進む。

海まではすぐだった。

そして、私は、あっと息をのんだ。

そこにはますます脳天気なエメラルドグリーンの地中海と、真夏にはヌーディストも出るという素敵なビーチがどおおんと広がっていたのだった。

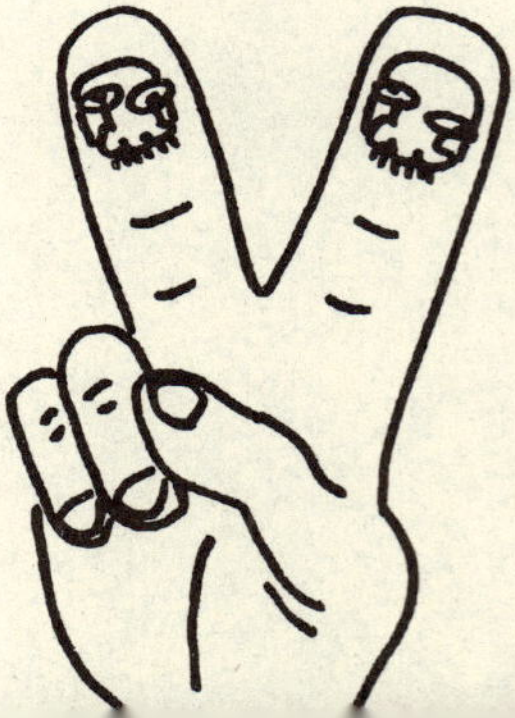

出張の海

（パラオ）

私は単身パラオへ飛んだ。

今回は仕事である。そう、旅行ではないのだ。栄光の海外出張と人は呼ぶ。今までくだらない馬鹿話ばかり書いてきたが、今回は視察報告であるので難度の高い実務的内容となることは必至であり、頭の悪い読者はこの章だけ飛ばして読んでもらっても構わない。特に英語ができない読者にとっては、本章の内容は非常に難解で片時も辞書を手放せないものになるであろう。

なぜならこの出張任務に私が選ばれた理由は、私が類いまれなるイングリッシュ・スピーカーであるということ以外に考えられず、ここにはディフィカルトなイングリッシュを駆使する場面が多く登場するであろうからである。言うまでもないことだが、いつも文句ばかり垂れるからいっぺんおいしい思いでもさせて黙らせろとか、あいつなら、もしものことがあっても惜しくないとかいう理由ではないのである。

その頃私は不動産関連の仕事をしており、出張の目的はリゾート候補地の下見だった。装備としてビデオカメラ一台、一眼レフカメラ一台を用意したが、私の性格上、仕事を忘れてうっかり海で遊んでしまう不安もあるので、念のため海水パンツも持って行った。

ホテルがあるコロール島に降り立つ。

今回の目的地は、その隣、パラオ諸島最大の島バベルダオブにある。バベルダオブ島には、一部地域を除いて陸上交通がまったくなく、そもそも人が住んでいる場所すらほとんどない。私は、そのバベルダオブ島の裏側のある地点を、カメラに収めなければならなかった。

右肩にビデオカメラ、左肩に一眼レフを下げ、まるで日本人観光客のようないで立ちで、私は漁港へ向かった。あくまで購入するかどうかも決まっていない不動産物件の下見であるため、ここでうっかり鋭い目付きなどをして、ただ者でないと思われてしまうと今までの苦労が、別に苦労してないが、水の泡である。ここにリゾートを造るつもりだな、と思われてはあとあと面倒なのだ。

浅黒くごっつい体つきのタクシーの運ちゃんに、

「漁船をチャーターしたいが、紹介してくれないか。なるべく逃げ足の速いやつがいい」と言おうと思ったけど、きっと相手は英語がわからないので、

「アイ、ワントゥ、ゴー、ノースパート・オブ・バベルダオブ」

と易しい英語で、まずはジャブだ。本当は高速艇とかが良いのだが、こんな島にそういうかっこいいものはあるまい。

「バベルダオブ、ノーウェイ」

「アイノウ、だからゴーバイシップ」

なるべく分かりやすく答えたつもりが、なんかちょっと日本語が混じってアイドル歌謡曲みたいになってしまい、そのままではなんとなく軽薄っぽい船になってしまいそうな気がしたので、目つきとか引き締まった口もととかで、さりげなく緊張感をアピールした。わかる者にはわかるだろう。案の定、運ちゃんは少し動揺したようだ。そして、「ナントカカントカ、オーケイ？」と言った。

「旦那、いい船がありますぜ。ちっとばかし値は張りますが、ようござんすね」そんな意味である。私はゆっくりとうなずいた。

港に着くと、知人の船を用意するのでしばらく待っていてほしいと運ちゃんはいった。よかろう。

だが、しばらく待ってやって来た船は、漁船にもはるかに遠い小舟だった。なんだか、話が違う。いや、しかし見た目はカモフラージュの可能性もある。私は、あくまでもわかっているといった表情で一応、

「これでどのくらいかかるのか？」と聞いた。

「片道一時間」と小舟ふうボートのおっさんは言った。

全然遅いではないか。

なぜそんなにかかるのだ。せいぜい三十分の距離だろう。それに往復二時間の道程をこんな小さなボートでは心もとないぞ。

だが、他に方法もないので仕方なく往復百ドルで手を打つことにする。話が違うと思ったけれど、そういえば話なんかまともにしてないのであった。タクシーの運ちゃんとボートのおっさんは大喜びし、しばらくいなくなったかと思うと、缶ビールをしこたま抱えて帰ってきた。何だか金をたくさん払い過ぎたような気がして、

「それには口止め料も含まれているのだ。もちろん、わかっているな」

と言おうと思ったけど、やっぱり相手は英語がわからないだろうから、

「レッツゴー」とだけ言って、ビビらせておいた。

ボートはコロール島とバベルダオブ島の海峡を抜け、快調に飛ばす。

天気は快晴。海はどこまでも透明なブルーだ。島にはマングローブが覆い茂り、細かい葉がちらちらと太陽光線を反射してまぶしい。太平洋の風が髪を優しくなぜ、隣では、陽気なパラオの男二人が冷たいビールをガンガン空けながら、大きな笑い声を飛ばしている。

水面を見ると、たぶん珊瑚と思われる白い影が次々とボートの下を通り過ぎて行く。どこまでも透明な海。はてしない空と凪。ああ……、私は水平線のまぶしさに目を細めながら、深呼吸とともに海の香りを吸い込み、こんなことを思った。

ゲロ吐きそうだ。

リーフ（珊瑚礁）の中だったが、それでも結構波がきつい。そういえば私は船には弱いのだ。

一時間、見える景色は一向に変化もなく、いい加減にぐったりしてきた頃、ボートがスピードを落とし男が「ヒア」と言った。着いたのだ。

「上陸したい」私は言った。

「だめだ、リーフが邪魔で近づけない」おっさんは言う。

「ここまで来たんだ、何とかならないか」

「だめだ。とても浅い」

岸までほんの五十メートルぐらいだというのに任務遂行できない。吐きそうな思いまでして、こんなことでは納得がいかないぞ。ひとまず、陸地を遠目にビデオに収め、一眼レフでパノラマ状に撮影した。珊瑚の上を岸まで歩くことも考えなかったわけではないが、間違いなく途中で一度は転ぶだろう。そうすれば、カメラは貴重な写真とともにパーだ。

「仕方ない、退却だ」

私は厳しい表情で指示を出した。

「ＯＫ」

おっさんはビールで真っ赤に焼けた顔で答えた。

残念である。

帰りはさらに風が強くなり、小さなボートは激しく上下に揺れた。それでも現地の二人はビールで大騒ぎである。私はといえば、ボートのへりにもたれながら、頭がぐるぐるして吐きそうだった。そのうちに、……にじゅう、よじかん、たたかあえますか、びじねすまあああん、びじねすまあああん……、となぜかＣＭソングが思い浮かび、それが頭から離れない。他の歌を思い浮かべて薄めようと思ったけど、歌が脳髄にガッチリはまっていて、結局……じゃあぱにいいず、びじねすまあああん……と帰りの一時間ずっと歌われてしまった。でもそのおかげで今回はビジネスだから領収書かいてもらわないといけないことに気づいたのだった。

こうして任務は完遂され、私はさりげない足どりで、悟られぬよう帰途についた

（帰ってから見たビデオには、ジャングルに覆われた懸案の島の姿がバッチリと映っ

ていたが、思えばパラオ中どこでも同じ景観だから、わざわざ現場まで行かなくてもわかりそうな映像でもあった)。

コロール島からさらに南へボートで一時間ぐらいのところに、日本人男性が手作りでつくってしまったリゾートがあるというので、次はそこへ行ってみる。

それほど大きくない島の一部に桟橋とそれに繋がるレストハウス、数棟のコテージ、それに従業員宿舎が並ぶ、小ぢんまりしたリゾートで、レストハウスはいかにも手作りらしいログハウス風、コテージは質素な箱みたいな感じで、大規模リゾートに比べれば設備は全然劣るが、アットホームな感じがよい。

カッと照りつける太陽が一転ザーザー降りのスコールになったときなど、大規模リゾートだったら、「せっかく来たのに天気が悪いな」で終わりだが、ここではでかい葉っぱの南洋植物やヤシの木が灰色の空に身をよじる様子が、宮崎県沿岸的な妖しさで心に染み、なんだか『岬めぐり』な気分にさせるのだった。こんなときは部屋に閉じこもらないでしみじみと演歌的に濡れてみるのも一興かと思い、レストハウスの方へ歩いてみる。どうせすぐ晴れてくるし、そうすればTシャツなんてすぐ乾くのだ。

髪が額に貼りついて白いTシャツに自分の胸が透けてくると、だんだんこれは演歌というよりも片岡義男なのではないか、ひょっとして今自分は野性味のある結構いい男なのではないか、と思い始めた。まあ仕事でこんな場所に来る男だからな、ふっ、ちょっとワケありなのさ、などと突如キュートな女性に出会った場面を想定して呟いてみたりし、レストハウスのテラスへ上がって行くと、なぜかいきなり猿が飼われていて、一心不乱に股間をしごいていた。

翌日、後学のためスキューバダイビングに出掛けるボートに同乗させてもらう。私は仕事の途中なので残念だがダイビングを楽しむことはできない。ダイバーなら一度は潜ってみたい憧れの地パラオまで来て、ファンダイブの一本もできないとは無念な限りだが、そういえばライセンス持ってないから同じだ。

栈橋の先端の海に二メートルぐらいありそうな巨大なシャコ貝があった。シャコ貝といえば挟まれたら最後絶対に抜けないと聞いていたので、ヤシの葉とかでツンツンしてみたい衝動に駆られたが、ボートには日本人女子大生四人組がいて、わあ凄いシャコ貝、と騒いでいたため、その目の前でツンツンするとお調子者みたいであり、ナンパのキッカケ作りと思われては癪なので静かに水平線を眺めておくことにした。今日の勝負はおあずけだ、シャコ貝。

マンタも通るジャーマン水道という海域を抜け、リーフの内側でボートは錨を下ろした。女子大生を含む六人ぐらいの乗客はみんなスタッフとともに水中へ消えて行った。ボートに残ったのは、操縦する現地人のおっさんと日本人新婚夫婦のダイビングをしない奥さんと私の三人である。

全員が海深く消えたのを確認し、私はおもむろにシュノーケルセットを取り出した。スキューバはできないが、何を隠そう小さい頃はシュノーケル界の貴公子と呼ばれ、今では太平洋を股にかけるさすらいのシュノーケラーと恐れられている私なのである。既に、サイパン・マニャガハ島を皮切りに、プーケットのコーラルアイランド、ポナペ、ボルネオはタンジュンアルーのサピ島・マムティック島、ニューカレドニアのイルデパン島とアメデ灯台・ポンツーンシーホースなど、太平洋の島という島を制覇しているひまがあったら、さっさとスキューバの免許取ればよかったと反省している。

リーフ内側の海中は数メートルのドロップオフ（崖）になっていて、水中メガネで覗いてみると、透明度はかなりあるにもかかわらず底が見えない。青く何もない空間が続いている。浅瀬で泳いでもここで泳いでも泳ぐことに変わりはないが、なんだかここでは近くに島もないし泳ぎたくない気分だ。今日のところは引き分けということにしよう。

そのうち空模様が怪しくなってきた。リーフの中とはいえ、砕けた外洋の波でもともと結構揺れるし、風も強くなってきたような気がする。潜っていった人たちはいつ戻ってくるのだ。

太陽が雲に遮られてしまうと一転海は日本海になった。さっきと違うのは、今度は宮崎県沿岸ではなく、秋田沖であるということだ。片岡義男もいない。ここでなぜ宮崎が秋田に北上したのかは自分で書いていながらよくわからないが、リーフの外側で崩れる白い波頭が、なんとなく大きくなってきたような感じだ。

そしてついにスコールが降り始めた。

少し心配になってきた。こういう海の気象については現地人のおっさんがよく知ってるだろうと思い、その顔色をうかがってみたら真っ黒だった。非常事態が近づいているのかどうなのか、よくわからない。ただ気温は急激に下がり、私と新妻（他人のだけど）の唇は紫色に変わってきた。

リーフ部分の水深は一メートルもないぐらいだが、近くにちゃんとした島はなく、水平線に浮かんでいたパラオの島々も雨と霧で見えない。揺れは確実に激しくなっていく。このままでは危険なのではないか。雨脚も強まり、叩くような痛さだ。こんな

事態は想定していなかったので羽織るものも持って来ておらず、裸にタオルを巻いただけの姿で私は唇がカタカタと震え始めた。寒い。そして揺れ。

もちろん、これぐらいのことでビビっているわけではないが、念のため大声で歌を歌ってやってもいいぞ、と思った。それも『岬めぐり』とかではなく、チューブとかハウンドドッグとかそういうのだ。でも、知らない人だけど新妻もいるしおっさんもいるので、いきなり歌い出すのは恥ずかしい。先に新妻が歌うならデュエットしてもいいぞ、と思いながら新妻を見ればもう目を閉じてガタガタ震えている。

揺れはますます激しくなり、波と波の谷間にボートがすっぽりとはまったり、ぐぐっと高く持ち上げられたりし始めた。砕けた波がボートの中になだれ込む。これは、もはや南極砕氷船状態だ。波間にちらっとペンギンの姿も見えたような気がする。

おっさんの顔からは判断できないが、これは本格的に遭難寸前段階ではないのか。SOSとか出してもいいのではないか。

転覆したらどこかの島まで泳ぎつく自信は私にはなかった。ライフジャケットを引っ張り出して着ておきたいと思うが、おっさんは気がつかないのか動揺しているのか顔が真っ黒だからか、船倉の蓋を開けようともしない。おっさん、何とかしろ。

そして大きな波が被さるようにどっかあああんと叩きつけ、ついに出張中の日本

人ビジネスマン哀れ海の藻くずか、仕事熱心でとてもいい人だったのに我ながら残念だと思ったら、ふいに雨が止んで雲が切れ、ぶわあッと頼もしい太陽が顔を出した。

ん？

ボートはまだ揺れていたが、晴れてみれば何だかジェットコースターのようでもある。

なんだ、全然面白いではないか。

五分ぐらいして、女子大生ほか潜った人たちが浮上しボートに戻って来た。マンタは見れなかったがサメみたいなのを見たとはしゃいでいる。徐々に揺れも収まり、激しい嵐はどこかへ消えていた。新妻の旦那も上がって来て、この夫婦は物静かな人たちだったのでどういう会話がなされたのかはわからないが、新妻の顔色は急速に明るくなって唇にも赤みが戻り、二人幸せそうに睦みあっていた。

こうなると華やいだボートの上でたぶん私一人だけ顔がまだ情けない紫色であり、そもそもダイビングもしないのにボートに乗っていたこと自体が浮いているので、私はちょっといたたまれなくなり、あまり目立たない動作で女子大生たちから見えない角度に座り直した。そして、せめて背中だけ、いやもっと譲って背骨のボコボコあたりだけでも海が似合ってればいいな、と静かに思ったのであった。

雪山を勘弁してやる

（日本）

十八万円。

初めての雪山行のための装備に、私が費やした金である。

完全防備の厳冬期用防寒具、雪山用登山靴、ピッケル（つるはしのようなやつ）、アイゼン（靴に装着する鉄の爪）、二重の手袋、目出帽（銀行強盗ふう帽子）、輪かん（スチール製のかんじき）、スパッツ、ゴーグルなどなど。同行する熟練の先輩たちでも、ピッケルとアイゼンは凄いが、手袋が薄いとか、防寒具は完全だがザックに穴が空いているとか、登山靴はごついが足が臭いなどどこかしら欠陥があるものだが、私の装備は完璧だった。足の匂いもいい。そして、何より私は若かった。四人中、私以外はみんな三十代だったのだ。

行き先は八ヶ岳である。中でも阿弥陀岳南稜という難しめのルートだ。

「そこは初心者でも行けるんでしょうか」

「まあ、君は若いし男だから大丈夫だろう」

ということで気軽に雪山登山セットを買い揃え、意気揚々と参加したのであった。

私は雪山に挑戦した。これを冒険家と呼ばずして何というか。

あまりに偉大なので、海外旅行と関係ないけどここにその業績を記すことにする。

われわれは車で行けるところまで行き、冬季通行止めの山道を二時間歩いて、いよいよ最初のちょっとした壁にたどりついた。このぐらいなら、ザイルを張らなくても大丈夫だろうと判断し、途中でアイゼンだけ装着した。これを装着すれば、雪や氷に爪がガッキガッキと突き刺さり、滑りやすい壁をほいほい登っていけるのだ。もうこっちのものだ、ビビんなよ、ふっふっふ。と勝ち誇っていたが、あんまりパワーアップしなくて、逆に少し滑ってビビった。

樹林帯の中に入って、黙々と前進する。

はじめは膝下ぐらいの雪であったが、だんだん深くなった。歩いているのは、ハイマツに積もった雪の上である。夏ならば道ですらないようなところだ。ハイマツが困るのは、枝の隙間に足が落ち込むことで、登りになると雪をかいてもかいても崩れてきて、ちっとも進まない。

やっとの思いで樹林帯を抜けると、雪は浅くなるが、そのかわり遮るものが何もないので急に風が強くなる。ガスで見えないけど、尾根道なので右にこけても左にこけても、どぉーんと落ちてしまうようなところらしい。耐風姿勢でアイゼンを雪に蹴りこみながら、ゆっくり進む。なんだか、睫毛が凍って目が開かなくなってきた。突風に煽られて足を滑らすと一巻の終わりなので、風が強くなってきたなと思ったら止まる。すると、風がやむ。やんだので進もうとすると吹く。止まるとやむ。進むと吹く。そういうときは、進むと見せて吹かせ、吹きやんだところで一挙に進むのがコツである。しかし敵もさる者。やんだと見せてすぐに吹き、吹くと見せて吹かなかったり裏をかこうとし、はるばる厳しい冬山へ来て、結局やってることはダルマさんが転んだなのであった。

岩陰で休憩し、紅茶を沸かして飲む。

というとロマンチックで、「ごらん、あれがダイヤモンドダストさ」的展開を想像するかもしれないが、沸かすためには手袋を脱ぐので手は痺れ、手袋は飛んでいきそうになり、目は凍って思うように開かず、鼻水は流れるけど拭けないという荒行である。

コル（尾根の肩）で幕営。私が遅れたせいで、目的地までたどりつかずに夜を迎えた。

夜がまた大変だ。テントを張る地面を平らにならそうとしても凸凹が消えず、厚いマットを何枚重ねても背中がゴツゴツするし、持って来た服を靴下からヤッケまで全部着て厳冬期用シュラフ（寝袋）に入っても、どうしようもなく寒い。二〜三人用の狭いテントで四人寝て、体を押し付けあってもまだ寒い。おまけに、狭いので両足を重ねて寝るのだが、風呂に入ってないので股ずれしてくる。外はひゅーひゅー不気味な風音がして、テントはバタバタ暴れ、小便も行きたくない夜なのであった。

ここで、問題がある。

雪山でどうやってうんこするかということである。この問題は昔から、雪山七不思議のひとつに数えられており、漢の武帝が、この難問を解いた者に一頭の馬で運べるだけの金銀財宝を与えるといったというのは有名な話である（全然ウソ）。この寒い中、本当に尻を出すのだろうか。他に何かいい方法はないのか。

結論から言うと、ない。氷点下だろうが、猛吹雪だろうが、どうしても尻は出すのだ。スキー場へ行ったなら、試しにゲレンデで尻を出してみれば、その大変さがわかる。

寒さだけではない。うっかり足を滑らせたら、尻を出したまま、叫ぼうかなでも恥ずかしいからやめようかな、どうしようかなと迷っている間にどこまでも滑り落ちていく。スリル満開、いや、満点だ。

だから、もしそこが樹林帯の中であれば、木に抱きついてやるのが良い。かっこ悪いが、滑り落ちて尻を出したまま死んだら、雪の解ける春までフルチンである。雪解けのせせらぎにふきのとうが芽吹き、ようよう力強くなった日の光に木々の蕾ふくらむ今日この頃、貴兄いかがお過ごしかというと、きっぱりとフルチンである。雪山でパンツ脱いで、太い木に抱きついている人を見ても笑ってはいけない。

それから、雪でお茶を沸かそうと思ったら、木のそばから雪を取らないよう気をつけた方が良い。上から雪が積もってしまえば、下に何が隠れているかわからないのである（みんなうすうす感づいていると思うが、どうやら話はうんこネタへと加速しており、このへんで止めておこうかどうしようか考えたけど、ここは学術的な場でもあるので、照れないで続けることにする）。

近くに山小屋がある場合は、そこにトイレがあるので大丈夫だと思うだろう。ところが、これがとんでもない。

冬の山小屋のトイレは場所によって二階建てぐらいの冬季限定のものが設置される。なぜ二階なのか。雪が深いからだけではない。冬の間、うんこが捨てられないから深いタンクが必要なのだ。落ちたうんこは、すぐに凍ってしまうので臭くはないが、怖いのはそれがみるみる成長することである。落ちたはなから凍っていくので、それがタンク内に均等に拡がらず、便器の穴に向かって塔のようにぐんぐん成長してくる。

これこそ、ヒバゴン、サスカッチ、イエティと並んで、雪山四大怪獣として恐れられているウンコタワーの萌芽である。

冬も終わり頃になると、タワーはトイレの穴から顔を出すまでに成長し、人はハンマーで砕いてからでないと穴を跨げなくなる。砕いたら砕いたで、うんこのかけらが体に刺さって、それが心臓に回って死んだ人もいるほどだ。信じられないようだが、本当の話である（ウソ）。

おまけに春になると、撤去された二階建て便所の下から高さ二〜三メートルのウンコタワーが姿を現わし、それが一斉に解けて暴れて、登山者を襲ったりするので、当局では、声をかけられてもついていったりしないよう注意を呼びかけている。

さて、雪山行の話に戻る。

深い雪の中で一泊した後、一行はやがて今回のクライマックスである雪壁に到着した。

ほぼ垂直の壁を、数メートルほどトラバース（横移動）し、少し緩くなったガリー（ガラガラと崩れそうな溝のようなところ）を登る。下はガスで見えないが、はるかに切り立った崖だそうである。見えなくて良かった。

ザイルを張る。

ところで山を知らない読者は、あのザイルというやつは一体誰が垂らすのか。下から放りあげるのか。あるいは誰かが先に登って垂らすのか。だとしたら、その人はどうやって登るのか！　という不安に眠れぬ夜を過ごしたことがあるであろう。これは雪山七不思議のひとつとか言ってもう誰も真剣にきいてないと思うけど、やはりあれは、最初の人が何もないまま登って、上で岩にハーケン（太い釘のようなもの）を打ち込んで固定するのである。後から登る人も、ザイルに頼ることはしない。あれは本当にいざというときの命綱なのだ。

雪山の靴はスキー靴のようにでかいので、細かい岩の凸凹をひろって足場にするのが難しい。夏ならつま先を引っかけられるぐらいの凸凹も、ほとんど雪と氷に埋まっている。そういうときは、アイゼンの前向きに突き出た爪を使うことになる。爪を岩の割れ目に蹴りこんで引っかけ、そこに全体重をかけるのだ。足の裏はどこにも載っかっていない。これが死ぬほど怖い。アイゼンが外れたらアウトだ。

冒険家たるこの私が、これぐらいのことで死ぬわけにはいかないと思ったけど、思えばこの私は冒険家ではなく初心者なのだった。これぐらいのことで死ぬかもしれない。

ピッケルと両足のアイゼンで掻き登る。とても怖い。目ももう見えなくなってきた。アイゼンがちゃんと引っ掛かっているかどうかもよくわからない。やっぱり冒険家ははじめから向いてないと思っていたのだ。今、この足に体重をかけていいのか、本当にいいのか。私はどちらかというと、海の男の方が似合うと思うのだ。サーフィンもヨットもやったことないけど、スキューバだってやったことないけど、きっと海が似合うと思うのだ。よく覚えてないけど、それから強引に一ピッチ登った。

途中の、比較的足場の確保しやすい場所で、風に煽られないよう雪壁に体を押しつけ全員が同じ高さまで登るのを待って、ザイルをもう一ピッチ伸ばす。

そうして待っている間にも、緊張した膝がガクガクと笑いはじめ、足が浮いてしまいそうである。やはり男は海だ。山はダサい。どうしてそんなことに今まで気づかなかったのか。二ピッチ目は少し壁が緩くなり、かえって登りにくくなった。手がつかえないのだ。雪山では切り立った壁よりも、中途半端な斜面の方が難しいのである。滑ったら終わりだ。

ふいに。山頂についた。

まだまだ先は長いぞと思っていたら、そこで終わりだった。

阿弥陀岳山頂。

私は、やり遂げたのだった。

今だから話すが、実は今までビビったふりをしていたが、それは敵を欺くためであり、ほんとは、楽勝だったのである。敵を欺くためには、まずはみかんの皮である。ま、雪山のひとつやふたつ、どうということはない。どっからでもかかって来いというのが本音だ。

ガスでよく見えないが、とにかく山頂だった。四人で祝杯をあげ、しみじみと男のロマンをかみしめつつ、静かにチーズおかきをほお張った。

やがて、南の空から晴れはじめ、今まで視界十メートルぐらいだったのが一気に広大なパノラマが広がってきた。おお、まるで天がわれわれの偉業を称えているようではないか。見たか！　これは、厳しい試練に耐えてきた者だけに見ることが許される厳粛な光景なのだぁと思ったら、

「あら、いい天気ねえ」

と、おばはんの声がして、別の一般ルートから、雪山ハイキングの行楽客がどしどし登って来たのだった。

こうして初の雪山登山は無事に終了した。

これに懲りてもうやめようと思ったけど、やっぱり十八万円が減価償却するまでは

と、その後も何年か続けた。それでも貴重な冬休みやゴールデンウィークをつぶしてまで出掛けたのは、さすが冒険家と言えよう。やはり男は硬派一筋である。休みになるとすぐ女と海にドライブに行くようでは、いかんのである。海なんぞ軟派だ。山から帰るときはいつも電車の中でスキー帰りのミーハーカップル軍団などに囲まれるが、そんな奴らも問題外である。そんなときは動じることなく、「な、何を言うか（何も言われてないけど）、私は全然うらやましくないぞ」と毅然とした態度でのぞむようにしている。

冒険家への道は多難なのである。非情とも言えよう。自然は、傲慢で自分勝手な人間には容赦なく牙をむく。そのかわり人間が謙虚なときはホーホケキョだ。なんだか意味がわからないけど、とにかく山はとても厳しいということだ。そこで、私はXC（クロスカントリー）スキーに転向することに決めました。冒険家の決断は早い。

早速、私は、XCで裏磐梯の凍った湖の上を歩きに行った。

氷の厚さ四十センチ。

十五センチの氷なら大丈夫と言われたが、じっとしてると足元が解けてきて、別に

怖いわけでは全然ないが、まあ、じっとしているのも何であるし、氷のためにも良くないと思い、あちこち歩き回った。危ないので子供はまねしてはいけないのだが、半島を回りこむと、子供が大いに走りまわっていた。スノーモービルでガンガン飛ばしてるOLみたいなのもいた。

仕方ないので、沼をめぐる林間コースで、華麗な滑りを見せようと思ったけど、平らだったので、今日のところはこのへんで勘弁してやることにする。

不幸の小包

（ベトナム）

もし本棚に世界地図帳があるなら、ベトナムの地図を開いて見てほしい。地図で見ると、ベトナムはビラ星人のようだ。そのビラ星人の脚の真ん中あたり、ちょうど南北に長いベトナムの海岸線の、もっとも東へ出っぱったあたりがニャチャンである。

ホーチミンからバスで十時間、海岸線を北上するにつれ見えてくる南シナ海は、言葉で表現し切れないほど青い。私が行ったときも、あまりの美しさに白人たちが逆上し、バスを降りるなり服のまま海にオリャオリャあ！　と躍り込んでいた。さすが白人。濡れた後のことを何も考えていない。

私は急きょニャチャンで海水パンツを購入することにしたが、庶民渦巻く市場で見つけたのは、赤や黒やオレンジ色が混然一体となった妖しいモザイク柄のブリーフで、それだけならまだいいが、ちょうど股間のところに握りこぶし大のピンクのハートマークがあった。ビジンダーみたいだ。ビジンダーなら正義の味方だけれども、どちらかというとこれは変態チックである。位置は股間でなければいけなかったのであろうか。

それでもビーチに出ると、知らない白人観光客に写真を撮られたりして、意外に七〇年代ふうのかっこいいデザインであったようだ。うれしい誤算と言えよう。それは現地人と間違われて被写体にされただけではないか、と言う日本人がいたが、妬んでいたと思われる。

あるとき、町なかをあてもなく歩いていると、自転車に乗った中学生ぐらいの少年が追い抜きざまに、

「ハロー」

と気軽に声をかけて来たので、私も、

「ハロー」

と気さくな日本人になって返事した。

すると少年は、少し通り過ぎてから振り返り、

「どこ行くの」

と言う。

「別に」

と私が答えると少年は、

「うちへ来ない？」

と誘う。色白の利口そうな少年である。

私は即座に話に乗った。何も用事はないし、声を掛けられたといっても相手は普通の中学生だから、騙される心配もない。むしろ、これは気さくな現地の少年との美しい友情へと発展し、日本に帰ってからも遠い異国の友人として思い出に残るパターンではないか。少年の家は町の中心部にあって、まだ新しい三階建ての白いビルのような建物だった。

少年は「ニューハウス」と誇らしげに自宅を指さし、誰も聞いてないのに六千八百ドルとその値段を言う。さらにこの外壁のタイルは一枚十ドル、リビングのタイルは一枚六ドルと自慢しながら、ついでのように母、祖母、姉と家族を私に紹介し、最後はソファセットは四百ドルで締めくくった。思わず、お姉さんはいくらですかと聞きそうになった。

母親が私のために簡単な昼食を作ってくれ、せっかくだからおかわりして二杯御馳走になり、私は覚えたてのベトナム語で、カモン、とお礼を言った。カモンはありがとうの意味で、別に母親を誘ったわけではない。

しかし、食事が終わるとすることがない。何となく居心地悪くしていると、少年が突然頼みがあると切り出した。母親が日本人の知人に手紙を出したがっているので、届けてほしいと言うのだ。

お安い御用である。日本に入ってから投函すればいい。

「いいよ」

と私は答えた。そのときふと、あるいは少年は、そのために日本人の私を自宅に招待したのかもしれないと思い、何となく騙されたような気分になったが、まあ手紙ぐらいなら文句を言うほどのことでもない。

少年が母親に何か言い、母親は私に感謝するといったように頭を下げた。そして便せんを取り出すと、さっそく手紙を書き始めた。少年は、

「誕生日のお祝いです」

と言う。短い手紙が書き上がるまで、それほど時間はかからなかった。それとなく見ていると、母親は奥から何か持って来て包み始めた。大きめの弁当箱ぐらいのもので、何かはわからないが、それを二つ重ね包装紙でくるんでいく。

ん？

何であろう。ひょっとして……。

私は悪い予感がした。まさかこの包みを届けろと言うのではあるまいな。

母親は弁当箱二つ分の包みの最後に、今書き上げた手紙を折って重ね、一緒にくるんでいく。

おいおい、手紙って言わなかったか。小包ではないか。

それは話が違うのである。

私は出発前にウォークマンを割愛、文庫本を割愛して、苦労の末に荷物を減らしてベトナムにやって来たのだ。もうザックはぎゅうぎゅう詰めで、これ以上ものは入らないのである。しかもまだ旅は始まったばかり。ここでそういうものは勘弁してもらいたいというのが正直な気持ちだ。

タイム！　と声をかけようかとも思ったが、何の悪気もなさそうな母親に対して、今さらストップをかけるのは気が引けた。そして、私が躊躇している間にも小包はさっさと完成してしまったのであった。少年は、

「郵便は高いんだ。中身は二ドルもしないのに、送り賃だけで百ドル近くもするなんて馬鹿馬鹿しいよ」

と言って、私に出来た小包を手渡す。

何が馬鹿馬鹿しいか。私の方がもっと馬鹿馬鹿しいぞ。ごはん二杯食っただけで、こんな荷物が増えたのである。持ってみると見た目以上に重く、イメージで言えば羊羹セット二箱ぐらいの重みがあった。何ということだ。

少年は笑顔で「それじゃあ、よろしく頼みます」とか何とか言って私を玄関まで送

り、小包を渡してしまえば、はい、さようならという感じである。

何だ、それは。やっぱり最初からそういうつもりだったんだな畜生。

やっぱりここは遺憾の意を表明しよう、手紙と言っておいて、これは卑怯である、ずるいじゃないかと思い、玄関のところできっぱり断ろうと思ったら、母親が見送りに出て来て、

「ほんにすいまへんなあ」

とうやうやしくお辞儀をしたのにつられて、私もお辞儀したのだった。

ハメられたのである。子供の巧妙な罠に。

なんで私が小包の運び屋にならなければいかんのか。だいたい中身は何かもわからない。誕生日のお祝いと言っているが、怪しい品物だったらどうするんだ。

私は六千八百ドルの家を後にすると、その足で郵便局へ向かった。面倒くさいから もうここから送ってしまおうと思ったのだ。しかし百ドル近くするとか言っていたのを思い出し、それはちょっと払えないとも思う。だからといって、これを担いで旅行を続けるのは嫌だった。荷物として日本に持ち込むのは中身を知らない以上、危険でもある。

もし本当に百ドルだったら捨ててしまおう。知ったこっちゃない。中身は二ドル程度のものだそうだし、誕生日のお祝いである。届かなくたってどうってことあるまい。そう思いながら、郵便局で送り賃を尋ねると、十七ドル、と局員が言った。

十七ドルか。

思ったより安い。安いけれども、私の泊まっているゲストハウスは九ドルである。それもエアコン付の十二ドルが借りたいのをぐっと我慢した、天井ファンのみの九ドルなのである。十七ドルを差額分に使えばエアコン付きに五泊できる。それなのに何でごはん二杯で十七ドルも私が払わなければならないのか。そもそも十七ドルぐらいなら自分で払ったらどうなんだ。

私はやはり納得いかない気分になり、十七ドルでも惜しいもんは惜しいため、この件はいったんゲストハウスに持ち帰ることにした。

翌日はピクニックの予定があった。たまたま寄ったカフェで日本語を勉強中の女の子に出会い、友だちと一緒にピクニックに行かないかと誘われていたのだ。小包問題は未解決であるが、ここはひとまず棚上げにして出掛けることにした。

朝、女の子たちが五人でやって来て、私は彼女らと三台の五十ccバイクに分乗して出掛けた。女の子は五人のうち三人までもがリボンのついた麦ワラ帽子を被り、全員が揃ってサングラスをかけていた。みんな夢見る少女といった感じである。しかし排気ガスを吸い込まないためか、全員ハンカチを三角に折って鼻と口を覆い、ガンマンのようになっているうえ、日焼け止めのつもりらしく、両腕に肘まである薄くて長いビニール手袋みたいなものをはめている。麦ワラ帽子、サングラス、三角マスク、ビニール手袋と、全体としてオシャレだか何だかわからないのであった。

だがそんなことより、思えばこれはもの凄くラッキーな状況である。日本から来て、あれよあれよという間に、予想だにしなかった五対一のウルトラピクニックになっている。どうしてそのような力強いラッキーが我が身に起こっているのか。

われわれは市街地を抜け、国道から農道のような田畑の間を行く道に入り、山へ分け入って、森の渓流にたどり着いた。バイクを停めて適当な岩を今日の昼食場所とする。

昼食はフランスパンと魚だ。オシャレである。しかも五人もの女性に囲まれ、愛と官能のフランスパン、めくるめく背徳の白い肌、禁断の愛に溺れゆく男と女というような期待も高まるが、魚の方は開きであった。女の子たちは、陶器の皿に食用油をひいて火をつけ、その火で開きをあぶってバリバリ食っていた。

おっさんか！

さらにチーズを食べ、スイカを食べ、ぶどうを食べ、さらに何でもかんでもバクバク食べているうちに、帰る時間になったのである。

なんだ、それは。食べに来ただけではないか。

帰り道にあちこち寄りながら遊んで、ニャチャン市内へ戻る。

私は、五十ccバイクの後部座席で風に吹かれながら、小包のことを思い出した。十七ドルである。日本円で二千円。この二千円で、日本にいる誰かのところに誕生日プレゼントが届くのである。

私は何を迷っていたのであろうか。いいではないか、十七ドル。ベトナムにいるから大金のように思えるが、日本では二千円である。十分我慢できる範囲だ。だいたい旅に来て小さなことでいちいち憤慨するものではない。そうだ。このピクニックは温かい慈悲の心でプレゼントを届けることへの、神様からのご褒美だったのではないのか。

私は十七ドル払って小包を郵送することに決め、ゲストハウスに戻った。

女の子たちが玄関まで送ってくれた。

部屋に戻ってテーブルの上を見ると、小包がある。私がキューピッドとなって、ベトナムから日本へ届ける、愛情こもった誕生日プレゼントだ。

そっと小包を持ちあげてみると、裏に蟻がたかっていた。

ゲ。

あわてて包みを開けたところ、中には羊羹ではないけれども似たようなお菓子が入っていて、どこから紛れ込んだのか、蟻の大群がそれをむさぼり食っている。

何ということだ。

私は蟻を除去しようとしばらくあれこれ試みたが、あまりに大群なので、やってられん包装の仕方が甘過ぎたと思い、ええい、くたばれ蟻の野郎、どりゃあ！　と小包をゴミ箱に投げ込んだ。

お、しまった。捨ててはいかん、捨ててはいかん。

でもどうしたらいいんだ。今さら蟻を取り除いたってそんなもの送るわけにいかないだろう。駄目だ。これはもうどうしようもない。しかし、あの家へもう一回お菓子を買ってほしいと言いに行くのも、変に勘ぐられそうだし、嫌である。

ああ。

私は罪悪感に襲われ、ベッドに倒れ込んで、何てことをしたんだ、温かい慈悲の心じゃなかったのかと打ちひしがれた。

しかし私に責任は何もないのである。いい加減な包装をしたのはあの母親だ。そもそも原点に立ち返れば、私が自分の金で小包を出すことからしておかしいはずだ。それなのにどうしてこんな困ったことになるのだ。客観的に見て、被害者は私の方ではないか。納得いかん。

冷静に考えると納得いかないので、慎重な協議をした結果、満場一致で、この小包は最初からなかったことにしよう、そうしようということに決定した。そして楽しかったピクニックの思い出だけを胸に、私はシャワーを浴びてさっさと寝たのであった。

坊主オブ・ザ・イヤー
（ブータン）

人は、私を〝風の旅人〟と呼ぶ。

何しろ風の旅人であるから、団体旅行は似合わない。

考えてもみたまえ、同じ場所を回っていても、個人で行くのと大勢で行くのでは感じ方がまったく違う。個人で行けば、空気も風も土も埃もすべて、その国のものを直接肌で感じることができるが、日本人同士で行けば場の空気は日本にいるのと同じなのである。

聞こえてくるのはまず日本語であり、肌をなでるそよ風も、隣のおっさんを経由し下品な鼻毛をそよがせてからやってくる。異国の香りただよう空気も、おばはんのゲップが交じっているかもしれないのである。結局、あたりは日本の分子に満ちているわけだ。これでは、日本という薄皮で包まれたギョーザになって旅をしてるようなものである。

さらに、そういうギョーザ団体どもが、われわれ個人旅行者を見る目というのが、またまた気に入らない。『なんだ貴様、わしらがはるばるやって来たのだ、余計なっらで風景に入るな』とでも言いたげな態度が多い。せっかく外国気分を味わっているのに、日本人がうろちょろするなというわけだ。それはまさにこっちのセリフだぜチッチチなのである。

ブータンは、インドの東北、ヒマラヤ山麓の小国である。観光客を年間三千人しか受け入れておらず、行きあたりばったりの放浪旅行などはできない。団体旅行が基本である。仮に個人で行くとしても、割高な料金をとられるわりには結局、行く場所は団体と同じで、必ずガイドが全行程に同行する。

これが風の旅人としては非常に不服である。不服であるが、私はどうしてもブータンに行きたかったので、涙を呑んで受け入れることにした。

ネパールのカトマンズと比べても標高にして一〇〇〇メートルも高いブータンの平野部は、ヒマラヤ山麓というよりもうヒマラヤ山中にある。それでも森林限界よりは低いので、チベットのような不毛地帯ではなく、ブータンは谷間に水田の開けた農村国家になっている。

飛行機が降り立ったのはブータン第二の都市パロ。いや、都市と呼ぶのは無理がある。町ですらない。村だ。そこには五十軒あまり店が並んだメインストリートが一本あるだけで、その並びの裏はすぐ田んぼである。路地裏も何もない。もちろん四階建て以上の建物など全く見当たらない。信号もない。しかし、それがまたとてものどかで心落ち着くのであった。

私のドライバー兼ガイド、カルマは背は低いがなかなかハンサムな青年で、ブータンの民族衣装で〝ゴー〟と呼ばれる日本の浴衣みたいなのを着ていた。風の旅人にガイドなんかいらないが、さっき言ったとおりブータンでは仕方ない。

カルマは三十歳で、十九の妻がいると言う。会ったばかりでこんなことを言うのも何だが、そのうちバチが当たるであろう。

ホテルに向かう途中カルマが、日本語でアイ・ライク・ユーは何というのだと聞くので、好きだ、というのだと教えてやった。

「スキダ？」

「そう。好きだ」

「短いな。スキダの、どの部分がアイで、どこがライクなのだ」

「好きだはライクの意味だ。日本語では他は省略していいのだ」

「スキダ、んー、ノーグッドだ」とカルマは言った。

「何が」

「誰が誰を好きなのかわからんではないか。それに、音感もスイートな感じがしない」

「ではブータンではどういうのだ」

「ンガ・チュル・ガウメ」

「ンガ？」

「ンガ・チュル・ガウメだ。どうだ、とてもスイートだろう。アイ・ライク・ユーもスイートだが、ンガ・チュル・ガウメもとてもよい。それに比べるとスキダは堅い」

余計なお世話だ。ンガとか、チュルとかいう方がよほどムードぶち壊しだと個人的には思う。

「では日本語でアイ・ラブ・ユーはどういうのだ」

「愛してる、だ」

「アイステル」とカルマ。

「あ、い、し、て、る」

「ア、イ、シ、テ、ル」

「愛してる」

「アイシテル」

それでいいが、そんなこと何度も言わすな。

男同士で気持ち悪い会話を交わしながら、車はパロ随一のホテルへ到着した。

翌日、ブータン密教発祥の地タクツァン僧院へ行く。標高三〇〇〇メートル。登り始める地点が二五〇〇メートルで片道三時間ぐらいかかるらしい。ブータンのガイドブックにいつも決まって登場するのがこの僧院で、三〇〇〇メートルの切り立った崖の途中に建っており、ブータン密教の開祖パドマサンババが瞬時にして建てたと伝説にうたわれている。

登山道の入口付近は水田が青々と広がって、高く上がった日に輝いていた。まさにピクニック日和だ。遠くそそり立つ崖をカルマが指さし、

「あれがタクツァン僧院だ」と言った。

「ブータン人は一生に一度はあそこにお参りするのが夢なのだ」

崖のある方へ吊り橋を渡ると犬が数匹群れていて、われわれが近づくと尻尾を振りながら寄ってきた。

「このようにブータンでは、犬はハッピーだと尻尾を振る」カルマは説明した。

日本でもそうだ。

「この犬はお前に会えてとてもうれしい。タクツァン僧院へようこそと言っているのだ」

ふむふむ。さすがガイドだけあって、気の利いた言い方をする。

中には尻尾がたれたまま歩いているのもいて、

「この犬はそれほどうれしくない」とカルマは指さした。さらに「こっちの犬はちょっとうれしい。こっちはすごくうれしい」

………。

「これはそうでもない。これは……」

もういいカルマ、そんなのどうでもいいぞ。

森の中を二時間近く登り、ようやく尾根の休憩所に着いた。ぐったりだ。風の旅人には休憩が必要だ、三十分ぐらい休もう。と思ったら、カルマはすぐ行くぞとせかす。

「日本の坊さんの団体が一時間前に僧院に向かっている。僧院内部には特別許可がないと入れないのだが、その坊さんたちは許可を取っているので追いつけば紛れて中に入れるかもしれない」のだそうだ。

なるほどカルマの言うとおりかもしれないが、私は風の旅人、団体の助けなどを借りるわけにはいかぬ。そのような情けは御無用でござる。ござるけれども、私の黄金の両足があまりに速いため坊さんたちに追いつき、一緒に中に入った。

まわりの坊さんはみんな袈裟を着ているし頭もつるつるだから、私がどう神妙な顔つきをしても一人だけ違和感があったのだが、せめて目つきだけは仏につかえる身らしく穏やかに僧院の内部を拝観した。

さすがに信心深い私の姿に打たれたのか、誰も注意する人はいなかった。おかげで、瞑想するパドマサンババとか、虎にまたがるパドマサンババとか、まさかり担いだ金太郎とか、そんなのはなかったけれども、いろいろ仏像を見ることができた。無断で紛れ込んだのにいろいろと見ることができて、恐縮したかというとそんなことは全然なく、ただラッキーあるのみ。ラッキー一筋八十年である。

このあと首都ティンプーでも、団体客のためにわざわざ催されたブータンの伝統芸能〝仮面の踊り〟会場に、ふと気がつくと紛れこんでいた。

もちろん私は誇り高き風の旅人であるから、そのために時間を合わせたとか、車を止めて三十分も待ったとか、その間店でパリパリせんべいみたいなのを買ってそれが結構うまかったとか、おっ、来た来た団体バスがやっと来たとか、まったく団体はとろくてしょうがないよなとか、そういうことは全くなかった。偶然である。

余談だが、タクツァン僧院の帰り、団体の方では「こんなしんどい山道はもうタクツァンだ」という救いようのないギャグが飛びかい、しかもそれが馬鹿ウケしていた。まったく団体はどうしようもない。

かつてブータンでは厳しい冬の間、国王や行政府は首都ティンプーから暖かいプナカへその居を移し、そちらで執務をとりおこなうことになっていた。ティンプー、プナカを含む主要都市には、そうした執務を行なうゾンと呼ばれる建物がある。僧院、議会庁舎、要塞などモロモロのものがいっしょくたになった大きな建物である。白と赤のストライプに塗り分けられた壁が、ヒマラヤの青い空にきっぱりと映えて美しい。中でもプナカのゾンは、二つの川に挟まれた中洲に堂々と鎮座してとりわけ美しいので有名だ。

ゾンはどこも昔は旅行者にむかって開放されていたらしいが、旅行者たちの勝手に写真は撮る煙草は吸う落書きするなどといった傍若無人な振るまいが目にあまったため、今は外からだけの拝観しか許されなくなっている。

そのプナカゾンを見物する。

中に入れなくて残念がっていると、タクツァン僧院にいた日本の坊さんの団体が、またまた特別許可を得て中に入らんとしているのが見えた。そしてなぜか、プナカゾンはタクツァン僧院などに比べて警戒が非常に厳重であった。ここは今でも実際に国務を行なっている場所であり、名所旧跡とは違うのだ。紛れて入るなどというようやむやなことは許されそうにない重々しい雰囲気である。

そういえば、ところで、まあ、何というか、ここだけの話であるが、実のところ私は前々からお坊さんのことは深く尊敬しています。それから付け加えて言えば、団体旅行というのも何というかそれはそれで楽しいものであるというのが私の個人的見解であり、さきほどのラッキー一筋八十年というのはグリコ一粒三百メートルの間違いです。私が風の旅人と呼ばれているというのも真っ赤な嘘で、本当は夢の恋人と呼ばれています。だいたい個人で海外旅行をして、俺は一人でどこどこまで行ってきたなどと辺境自慢をするような奴にろくなのはいないのであり、個人だろうが団体だろうがそんなのはどっちでもいいわけで、こだわるほうが器が小さいと言えます。そうだそうだ。もう一度言うが、私はお坊さんを前々から深く尊敬しているぞ。それから団体旅行というのも、もちろん素敵だぞ。

坊さんの団体の許可を得て一緒にプナカゾンに入れることになった。

坊さんたちは誰かに会うつもりらしく、境内に入ってすぐ上にある広間に通されていく。ついて行くと、広間の奥の窓のところに、一人の爺さんが座っていた。黄色い法衣をまとい、頭もはげている。きっとプナカゾン住みこみの坊さんであろう。

私は日本の坊さんとともに床にうやうやしく正座し、爺さんの方を見た。

「このたびは、ご面会のお許しをいただき誠にうんじゃらかんじゃら」と日本の坊さん代表が挨拶する。すると、爺さんの横の若い僧が通訳する。そうすると爺さんが少ししゃべる。そうして二人はしばらくの間、宗教者らしく重々しいかすれた声で何事か話し合っていた。何の話だかよく聞こえなかったが、かすかにわかったところでは「お互い世界平和のためにがんばりましょう」などと浮世離れした会話を交わしていたようだ。まったく坊主というのは、どこの世界でもしょうがない。

それにしてもとりあえずついて来たが、何だか変なことになってきた。この団体は一体何をしに来ているのか。

一通り挨拶が終わり、爺さんが一人一人に何かお札をくれるという。

私は僧ではないので遠慮しようかと思ったが、これで幸運をつかめるなら、もらえるものは藁をもつかむということわざもあることだし、もらっておくことにした。

Tシャツ姿で頭ぼさぼさの私に、爺さんがギロッと厳しい一瞥をくれ、一瞬私は「そういうことであればそれはそれでいいのです。そうです。私は名もない一介の好青年に過ぎないのです」と言いかけたけど考え過ぎで、静かにお札を手渡してくれた。

何でも長寿の薬が入った幸運のお札らしい。わりと安っぽい紙の包みで、後でよく見ると、紙切れの表面にはチベット文字で何か書いてあり、包みの中には毒々しい真っ赤な鼻くそみたいな粒が三つ入っていた。

その後全員で記念撮影をする。こんな爺さんと写真撮って何がうれしいのか、そんなことよりもっともっとゾンの奥深く神秘のベールに迫ろうではないかと言いたかったが、居候の身ということもあり、一応念のために爽やかな笑顔で写っておいた。それがあまりに爽やかすぎて一人だけ場違いな顔だったせいか、カルマが眉をしかめて静かに近づいて来て、

「あれはジェイ・キンポといってブータン仏教界最高の僧なのだ」

と重々しく私に耳打ちした。

僧だったのか。いや、そうだったのか。（減点）

聞けばジェイ・キンポはブータンでは国王と同じくらい偉いという。ブータン中で彼と国王の車だけがプレートにナンバーがないほどだそうである。女王の車にさえナンバーがあるにもかかわらずだ。そんなに重要な人物だったのである。

うむ、なるほどあの落ち着いたたたずまい。もしかして世界平和のために日夜がんばっているお方ではないかと思っていたのだ。坊さんの団体は、彼に会うために日本からわざわざやって来たということだった。

ブータン最高のＶＩＰジェイ・キンポとの対面は、こうしてつつがなく終了した。

一介の旅行者に過ぎない私がこんな光栄な目に遭い、お札まで授かることができたのは、ひとえに私の人徳であり、坊さん団体とは一切関係ない。何しろ私は〝風の旅人〟なのである。

花畑

パカパカ王子《シルクロード》

キングジョーを追ってウルトラ警備隊は西へ向かったが、私はウルムチ行きの列車で西へ向かっていた。香港から北上して、鄭州で黄河を眺めたあと直角に西に折れ、その黄河に沿って、シルクロードを目指しているのであった。

この列車には二泊したが、朝起きるたびに車窓の景色が一変する。初日は地平線まで広がる田園風景、二日目は黄河に浸食されてできた渓谷に沿って走り、三日目は広大な砂漠。

昼間起きている間にはちっとも景観が変わらず、さすが中国四千年の大地と思うのだが、朝起きるときっぱりと変わっている。不思議である。夜中に大道具さんがごっそり取り替えているのではないか。

ともあれ、列車は二日間西進し続け、かつてのシルクロードの始点西安、蘭州も越えて、広大なゴビ砂漠へと突入していった。

生まれて初めて砂漠を見た。

砂漠よ。おお、果てしない砂の大地よ。

というようなことはどうでもよく、私は敦煌に向かっている。

敦煌へ行くには、酒泉で降り、酒泉からバスに八時間乗る。だが酒泉に到着したのが午後五時だったので、その日はここに泊まることにした。

中国西域の火車（列車）駅は、市街から結構離れていることが多く、酒泉の駅を降りてもそこには売店の一つもなかった。バス停らしきものもない。途方に暮れ、砂漠に呆然と立っていると、やがてバスがやって来た。よし。

ところが今度は行き先が書いていない。これは酒泉の町へ行くのかと窓から乗客に聞いてみたが、まったく言葉が通じない。どうしようか。うっかり乗って成田空港出発ターミナルとかに着いたら元の木阿弥だし、と考えたが、こんな砂漠の真ん中に一人残っても楽しくないので乗ってしまった。まず、これが酒泉へ向かうバスであろう。

さて外国人専用ホテルのある鼓楼という所で降りたいと思うのだが、聞いても言葉は通じないので漢字で書くべくゴソゴソしていると、突然、若い女性に英語で話しかけられた。童顔のかわいい女性で、あなたは外国人専用ホテルへ行くんでしょう、それならわたしも近くへ行くから、教えてあげましょうと言ってくれる。

童顔とはいえ、落ち着いた優しい顔付きで、目もとには聡明ささえがうかがえる。怜悧で可憐で、厳粛なる好みのタイプだ。

ありがたい。そして、ナイスだ。とてもナイスな展開ではないか。

酒泉賓館は、鼓楼という楼閣のすぐそばにあり、その女性は私をホテルのフロントまで連れて行ってくれた。なんと親切な人なんだ。これはやはり日本人民代表として

きちんとお礼せざるを得まい。私は手早くフロントで……、

「ドミトリーしかないがそれでもいいか」

「いい、いい」チェックインを済ませ、

「香港の団体と一緒になるがいいか」

「OKだ。なんでもいい」この機を逃さず、

「一泊四元だ、いいか」

「わかったわかった。いい、いい」過剰な感謝で癒着を強めようと振りかえ……

「夕食はここで食べるか」

「食べる食べる」ったが、その人はもうどこかへ消えていた。

ホテルの外まで追ってみたが、見当たらない。

なんということだ。きちんとお礼できなかったではないか。

日本人民の代表として食事のひとつも奢るべきであったのに、フロントが遅いから大変な失礼をしてしまったではないか。これがもとで、ようやく正常化しつつあった日中友好関係にヒビが入っては誠実好青年日本代表の名がすたる。

それにしてもほんの一瞬のすきにどこへ行ってしまったのか。そんなに遠くへ行く時間はなかったはずだ。

ふと、私は思った。

ひょっとしてあの人は、またバスに乗ったのではないか。

つまり、私をここに案内するためにわざわざバスを降りたのではないか。

自分の行き先とは関係ないバス停でいったん降り、私をホテルへ送り届けた後、またバスに乗って自分の家へ走り去ってしまったのではないか。この見通しのいい道路でどこにもその姿が見当たらないのは、そうとしか考えられない。

なんという殊勝な心掛けであることよ。ようよう白くなりゆくやまぎわ。そしてなんと健気で、親切で、優しい女性であることよ。本来ならばきちんと夜の食事にお誘いし、純粋な感謝の気持ちで清く正しくエスコートし、住所氏名年齢電話番号連絡の取りやすい時間帯などについて活発な国際論議をたたかわすべきであったろう。

さて、酒泉賓館のドミトリー四元（当時四百円）。

細長い部屋にベッドが二列に並んでいる。真ん中を保健室にあるような白い衝立で左右に分け、どうやら右側を男性、左側を女性が使っている様子である。空いているベッドを探すと左側の一番奥の一つだけだった。しかし、あれは女用ではないか。部屋に案内してくれたホテルの服務員は、全然気にすることはないですよと優しくほほ笑み、私をそのベッドへ促した。私は、若干狼狽しつつも、そこが嫌なら高いシングルルームに泊まるしかないので、ホテルの服務員がそう言っているのだからそれでいいのだと自分に言い聞かせ、できれば部屋中の人にその服務員の指示がはっきりと聞こえるように念を押してもう一回言わせ、男側から回り込むようにしてそのベッドにたどり着いた。さらに念のため隣のベッドの女の子に、ここを使って本当にいいかと聞くと、ＯＫ、と間違いなく言ったので、なるべく壁の方しか見ないようにして荷を降ろした。これで私に邪まな気持ちはまったくないということが全方位的に理解されたことと思う。

女性はおそらく全員が香港人で、みな学生ぐらいの若さだった。中には衝立の陰で着替えている人もいて、見ないようにしようと思うと、本当に下心などないのに、かえって状況を確認したくなってしまうのだった。

中国のドミトリーは男も女もないので困る。

鄭州で泊まったときは、七つの布団が敷かれた部屋に男女九人が詰め込まれ、遠慮してテーブルの上で寝ようと思ったぐらいだ（結局寝なかったが）。そこではフランス人のカップルが夜中にゴソゴソしはじめて、私を含む他の七人は、無視すればいいのに何故か緊張して寝返りが打てなくなってしまった。早く眠りたいと焦る気持ちと裏腹に、耳が細かい音ばかり拾ってしまう。今の音は何だ、ええぃそんなことどうでもいい、でも一体何の音なんだ、と一晩中悶々と過ごし、そのうち全身が硬直して、ミイラ化していったのだった。

このドミトリーにも白人が一人いた。夕刻、その白人をめぐってちょっとした事件があった。

白人の男はずっと横になっていたのだが、ベッドの椅子を香港人の女の子が拝借したのに怒って、ナントカカントカぐわあああと言って起き上がり、その椅子を引ったくって床へ放り投げたのだ。何がおこったのかと一瞬、部屋中が凍りついた。香港人の女の子は、そんなに怒らなくてもという困惑した顔で立ち尽くし、白人はまたベッドに潜り込んでしまった。

椅子ごときで、何を大騒ぎするのかと思うけれども、考えるにきっとその白人は、中国が何もかも嫌になってしまっていたのだ。中国の服務員の意地悪さは相当ひどいから、何もかも嫌になって、それが被害妄想を生み敵対心を生む。旅をしていると、中国以外でもそういう奴が時々いる。精神的なダメージを負って、攻撃的になっていくのだ。そのまま気が狂っていく奴もいるらしい。

しかしまあそんなシリアスなことは私の知ったことではないのである。そんなことより悲しそうにしている女の子の方が気掛かりだ。たまたま放り投げられた椅子が私のそばに転がってきており、私はそれを起こして女の子のところへ持って行った。そして、「いいよいいよ、使っちゃえ」というようなことを身振りと顔で言った。

翌朝、目覚めると、あれだけたくさんいた部屋にもう誰もいない。いや一人、昨日の椅子の女の子だけがいて、どうやら私はその子に起こされたようだ。女の子は、にっこり笑って私に絵葉書を手渡した。まだ寝ぼけている状態であり、何だか面食らったが、昨日はありがとう、ということらしかった。そして彼女はそのまま部屋を出て行った。

絵葉書を見ると、「日本人様、昨日はどうもありがとう。私たちはこれから敦煌へ行きます。もし香港に来ることがあって、何か困ったことがあったなら、ここへ電話してください」と書かれてあった。

何と読むのかわからないが、電話番号とともに〝李恵文〟とサインが入っている。彼女の名前であろう。私は横になったまま絵葉書を天井にかざし、ぼうっとした頭でしばらくその名前を眺めた。裏はでっかい岩の写真だった。

彼女とはほんの短い言葉を交わしただけだったが、なんだか前から友だちのような気がした。これも一つの出会いなんだと私は思った。旅とは、出会いなのだ。一期一会という言葉がちらりと頭に浮かび、それからいろいろ考えようと思ったけど、眠いのでもうしばらく眠ったら忘れた。

翌日、私も敦煌へ向かった。今回の私の旅の目的地だ。

バスで八時間ということだったが、十時間かかる。敦煌は莫高窟の遺跡で有名で、NHKのシルクロードでも再三紹介されていた場所である。ここに来たかったのだ。私はここまでの長い道のり、といっても香港から一週間もかかっていないが、を思い出して一人静かに感動した。

遺跡を、一人で回った。

いつか読んだ有名写真家の写真紀行で、敦煌のある窟でじっと仏像を見ていると仏像が笑ったとか何とか書いてあった。まったく芸術家は困ったものであるが、私もそういうことが本当にあるなら体験してみたいと考え、気に入った仏像を選んでその前にずっと座って待ってみた。

待ってみたけれども何も起こらない。でも、起こらないのはこっちに邪念があるからかもしれないと思い、さらに待つ。邪念を払い、心頭滅却すれば何かが起こるはずだ。しかし待てども待てども仏像は笑わない。やっぱりそんなことは起こるわけないじゃないかと、あきらめて帰ろうとしたそのとき、一瞬、ふっ、と仏像が私にほほ笑んだ。信じられないことだが、確かにほほ笑んだのだ。なんて、本当に恥ずかしいからそういうのやめてください。

遺跡の近くに、鳴沙山という典型的な砂山があり、観光名所になっている。

そこで再び恵文に会った。

山麓の駐車場でふいにすれ違った。先に私が気づき、「おお、偶然だなあ」と思わず日本語で話しかけると、彼女は、

「アイヤァ」

といった。なんじゃそれ。そのまま膝蹴りで襲いかかってきそうである。広東語の感嘆詞らしいが、もう少し情緒のある女性的なセリフはないのか。

まあそれはいい。もう会うまいと思っていたのでうれしかった。

恵文は、ここで待っていてと身振りで言い、そばにあったお土産屋で折り畳み式の扇子を買って来て、

「これ、プレゼント」と差し出した。

「ありがとう」

「サインするね」

彼女はボールペンを取り出し扇子の端に自分の名を書いた。恵文と書いて〝ウェイマン〟と読むと教えてくれた。しばらく話をしたが、やがて彼女は仲間に呼ばれ立ち上がった。

「香港に来たら連絡してね」

「わかった」

「さよなら」

「さよなら」

私たちは握手をして、そして別れた。旅先で生まれた小さな友情であった。

私はその夜、敦煌で友人できる、と日記をつけた。最後は、彼女とはもう会うこともないだろうけれど、この出会いは一生忘れないだろう、と締めくくり、この美しい思い出を心の一ページにしまったのだった。心なしか目がうるんでいた。

ところが、次の目的地トルファンへ行くと彼女がいて、

「アイヤァ」

とまた言った。何度もそれ言うな。

思えば、このあたりはゴビ砂漠を貫く蘭新線の線路に沿って、酒泉、敦煌、トルファン、ウルムチと観光地が並んでおり、どの町でも外国人の泊まるホテルは一か所ぐ

らいしかないから、大体誰でも同じ行程、同じホテルになるのだった。

二度もそれなりに感動的な別れを交わしたのに、何だかダラダラ出会ってしまう、恋に未熟な二人のようになってしまったわれわれは、この切れ味の悪さの逆手をとって次はウルムチで会おうということにした。どうせだからきちんと約束してデートの一つもしようではないか、と決めたのである。

ただ、ここで誤解してはいけないのは、私は男として李恵文に食指を動かされていたわけでは全くない。彼女は明るい性格だったが、外見もどちらかというと腕白という言葉が似合うような、言ってしまえば男の子的な女性で、酒泉のバスのあの人のような可憐さとか、逆に妖しい女の漂う色気とかいうようなものはあまりなかった。元気いっぱい泥んこ大将のような人だったのだ。私はただ、外国人の友人ができたということを喜んでいたに過ぎない。

それなのに、話はこの後、信じられない方向へと展開していったのだった。

ウルムチで、約束通り恵文に会った。

彼女はわたしたちと一緒に天池《テンチー》へ行こうと誘う。このとき、外国人が旅行できる中国西域最果ての地がウルムチで、天池はその郊外にある山間の湖だった。ウルムチという町はほこりっぽい新興都市であり、とりたてて見るものもなかったので、誘われるままに出掛けることにする。

彼女らは十七人の団体で、私を含むと十八人になった。かなりの団体だが、聞けばもともと団体だったわけではないらしい。

香港の若者の間では、気の合った者同士数人で旅に出発し、途中てんでバラバラに好き勝手な方向へ分散しながら同じ方向へ行く者がまた集まって団体を形成するという、極めて合理的な旅のスタイルが確立されているのだった。

さて翌日、予約までしてあった一日一本しかない天池行きのバスに、十八人まるごと乗り遅れる。いきなり、なんじゃそれ。合理的でないぞ。

急遽マイクロバスをチャーターしたのだが、それには十一人しか乗れない。七人は別の車が見つかるまで待たなければならない。日程に余裕のある女の子六人組が明日でいいと辞退し、残る十二人中一人だけが乗れないという事態になった。

当然、私はただ一人の外国人であり、私が残ると言ったのだが、恵文が外国人が残るという理由はないわ、とそれを却下した。誰かが公平にくじ引きで決めようと言い出し、みんなそうだそれがいいということになった。

運悪く団体の中に私以外個人旅行者がおらず、みんな二〜五人ぐらいのグループであったので、どのグループとしても一人だけ欠けるのは具合が悪いようだった。同胞とはいっても、もともと友人でも隣人でもない他人の集まりであり、なるべくなら誰か他の人が諦めてほしいという気配が濃厚に漂っていた。だから私が抜けると言っているのに。

わりばしが登場し、十二本中一本だけにしるしがつけられた。

何だかマイクロバス一つで状況はスリリングな展開を見せはじめた。別に自分は車に乗れなくてもいいのだけれど、こうやってわりばしがジャラジャラと目の前でかき回されるのを見ると、何だかたった一本のはずれだけは引きたくないという気持ちがムラムラと起こってきた。

一人だけ残るのはいい。だが、一人だけはずれるのは嫌だ。

実は私のくじ運は非常に強い。だいたいが十二分の十一の確率である。はずれるわけがない。しかし私はいいとしても、恵文がはずれるということも考えられる。私と天池へ行くのを楽しみにしている様子だけに、そうなると置いていくのは忍びない。そのときは彼女のために一緒に残ることにしよう。心配するな、恵文。我、汝とともにあり。

引きのコツは、一撃必殺の気合である。邪念は一切許されない。ふっふっふ、東アジアくじ引き選手権日本代表として、その恐るべき実力を今こそ見せてやろう。

くじに香港人たちが集まり、一本一本引いていった。

私は結局最後の一本になった。

こういう場合、最後の一本がはずれというような劇的なことはまず起こらない。私は余裕でその一本を受け取った。

はずれだった。

あり得ない。この私がはずれるなど、あり得ないぞ。

恵文が、まあ、という顔をして私の手元をのぞき込んだ。

なんということか。

惨めだ。

だが待て。一見すると目も当てられない不運のようであるが、それはつまり十二分の一というわずかな確率に見事当たったということであり、やはり我ながら恐るべしと言わざるを得まい。この私がはずれるわけはないのであり、異論もあるかと思うが、当たったのは私なのだ。と心の中で、私は納得した。

こんなことだったら最初から私の言う通りにしてくれていれば、私は世のため人のために自らバスを辞退した好青年であったのに、くじ引きのおかげで、ただのサチ薄い青年になってしまったではないか。

結局、女の子六人と私が残って、別の車を探すか明日のバスで立つということになった。そういえば、だ。

そういえば、女の子六人と私である。

ほうれほれ。ざまみたことか。さらば香港の不運な青年たちよ、勇敢な獅子たちよ、なのである。もっと言えば、グッバイホンコンボーイさようなら愛の戦士たち、とでも言おうか。まあなんだかよくわからないが、とにかくラッキーこの上ないのである。

そのとき、恵文が優しい母親のように私のそばにやって来て、

「大丈夫、私も残るわ」

と言った。

私は一人で大丈夫だ、そんな必要はないと主張したが、

「あなたは中国語が話せない。面倒を見るのが私の役目」

と決意は堅い。たしかにそれはそれでうれしい申し出なのだが、どういうわけか六対一の情熱的発展的ねえ君どっから来たの的構図が、一対一の静かなるこんにちはになってしまうような気がした。

さて、八人が残って、新たに車を探すことになった。そして、天池への車はすぐに見つかり、十一人が乗った車より一時間遅れぐらいでウルムチを出ることができた。となると、あの手に汗握る緊迫のくじ引きデスマッチはなんだったのか。ただ私が一番運の悪い人ということを満場一致で決定しただけではないか。ふざけてはいけない。

天池は、天山山脈の雪解け水をたたえた湖で、折り重なる山影の奥に白い雪の頂が見える。ところどころ観光用の包《パオ》があって辺境ムードを醸し出していた。岸辺にはあまり人がおらず、一緒に来た香港人たちもあちこちに散らばって、私と恵文は二人きりで水際の岩に腰掛けていた。

「あなたは香港人に似ている」と恵文は言った。

よく言われることである。アジア各地を旅して回ってわかったが、どうやら私は広東、香港、ベトナムあたりの顔立ちをしているようだ。

「日本人はみんなきれい。女の人もきれい、男の人もハンサム」

「それはテレビで日本のアイドルばかり見ているからだ」

「日本はアメリカに負けて、混血になったからきれいなのね」と恵文は変なことを言った。

「べつに混血になってないよ」

「でも、アメリカに負けてきれいになった」

なるほど、そう言えるのかもしれない。私はここで、戦後の日本文化に与えたアメリカの影響について深い思索をめぐらせたのだが、それはあまりに深く、一般庶民には理解できないと思われるので、ここでは割愛する。

恵文は私の目をのぞき込んで、

「きれいな目」と言った。

そうだ。そうなのだよ。純粋な心の持ち主だから、きれいな目をしているのだが、待て。ちょっと待て。私は、身を固くした。恵文が私の目を見つめたまま、だんだん近づいてくるような気がしたのだ。

私は立ち上がって、湖の狭い波打ち際に歩いて行った。さりげなく立ったつもりが、動揺していたかもしれない。しばらく対岸の方ばかり見ていた。

このとき私は二十歳。恵文は二十三歳。

彼女は一体何を考えているのか。あるいは何も考えておらず無邪気なだけで、私が自意識過剰になっているのか。いいや、恵文の顔はたしかに少しずつせり出そうとしていた。私が立ち上がったとき、すでに視野の半分は彼女の顔だった。

まてまて待ちたまえ。彼女は私の目をよく見ようと思っただけかもしれないではないか。急に立ち上がって、かえって彼女を傷つけてしまったかもしれないではないか。私は困惑した。二十歳の男が何をうろたえているのだ、鼻で笑ってしまえと思ったけど、まだ女性経験のほとんどなかった私にとって、これは深い深い謎だった。

それでもあんまり考え過ぎると体に毒なので、このあと一人になったときに野糞をして立ち直った。中国のトイレは仕切りがなく、どうせ人に見られるので、外でもいっしょだ。トイレットペーパーが切れたので、破いたガイドブックで拭いたら痛かった。

そういえばずっと下痢だ。旅の途中のいつからか、下痢が日常、下痢こそわがすべてという状況になっていた。トイレットペーパーも日本から持ってきた二ロールを二十日ぐらいで使い切っていた。

天池から恵文ほか男女四名とともに、馬に乗って山の中腹の雪渓のあるところまでトレッキングしたら、馬の揺れがもろに下腹部を直撃し、何度も降りて野糞をするはめになった。

恵文が夜、仲間と私の部屋にやって来て下痢止めをくれようとしたが、私は薬が嫌いだったので断った。断ると、彼女は逆に介抱するのは自分の役目だとでもいうように無理に私の口をこじあけて飲まそうとする。嫌がる私と、飲まなきゃだめと子供にするように命令する恵文を、他の香港人たちは冷やかすでもなく笑って見ていた。

バスでウルムチへ戻るときも恵文は私の隣に座った。

バスは激しく揺れ、私は次から次へと襲いくる糞便の波状攻撃と壮絶な戦いを繰広げていた。通常の固い便であれば、筋肉によって肛門をきっちり閉ざしてしまえば腹痛に耐えるだけでいいのだが、すでにこのとき便はすべて液状化していたと思われ、肛門のわずかな隙間からでも大脱走を図られそうな気配だった。

私は腹と尻の筋肉に力を入れるため、やたら深呼吸を繰り返していた。肛門の中では不穏な暖かい動きが活発化していて、今にも決死隊が飛び出して来そうだ。ここでぶざまな姿を恵文や他の香港人たちに見られたら一生の恥。耐えなければならない。

視線を感じて恵文を見ると、ニコニコして私を見つめている。ちっとも心配していないのは、私が平静を装っているからか。

「何がそんなにうれしい」と私が聞くと、

「雪山と渓谷。この素敵な景色が私をうれしくさせるの」と言った。

入っている。この人は今、入っているのだ。

だったら景色を見ていなさい、と言いたくなったが、こういう状況で入っている人と会話するのは危険だ。面倒くさい会話はしたくなかった。神経はすべて下腹部に動員されていた。こんなことなら薬を飲んでおけばよかったと大いに反省した。

ウルムチ賓館に戻る。くじ引きをしたホテルだ。トイレも済ませてようやく人心地ついてロビーで休む。

香港人と私で十八名。ツインが九部屋とれたようだ。ようだというのは、チェックインをすべて香港人たちに任せていたからである。彼らは中国語を喋るから、手続きなど一切をやってもらって私は非常に助かっていた。

私は疲れていて、部屋に入ったらしばらく眠ろうと思い、自分の部屋が決まるのを待っていた。

恵文が、私のところにやって来て、

「問題があるわ」

と首をすくめながら言った。

「何？」

「あなたと私、同じ部屋よ」

なぜ。

「男女奇数ずつだから、誰かがそうなるのよ」

馬鹿な。だったらシングルかトリプルでも交ぜて調整すればいいではないか。

「それは問題だ。何とかならないのか」

と私は言ったが、すでに疲れた面々は各自の部屋に引き上げかかっていて、チェックインをすべて他人任せにしていた手前、あまり強硬な意見を主張できる立場でもなかった。仲良くなっていた男子の一人に、

「エキストラベッドか何かでいっしょに泊めてくれないか」

と言うと、

「君は恵文と同じ部屋だ。問題ない」

と、私が部屋がなくて心配しているかのように誤解している。

また、それがあまりに平然と何の含みもない言い方だったので、私は面食らってしまった。旅行中に男女が部屋をシェアするぐらい別に驚くほどのことじゃない、とでもいうようなのだ。まるで私一人が考え過ぎていて、かえって、Hなこと考えてるのはおまえの方じゃないのか変態、と言われそうなぐらいだ。

私はためらった。ためらっているうちにみんな自分の部屋に引き込んでしまって、ロビーに残ったのは恵文と私だけになった。いや、恵文さえもいそいそと客室への階

段を昇りはじめている。その無関心な姿はまるで、まったくあんた変なこと考えないでよね変態、とでも言っているかのようだ。そういえば私は、中国のドミトリーはどこも男女同室だったことを思い出した。

そうなのだ変態。そういう国民性なのだ。

私はザックを抱え上げ、恵文の後について階段を昇りはじめた。

翌日は香港人男性二人と恵文と私の四人が、朝早い列車で鄭州へ戻ることになっていた。そう考えると、私と恵文が同じ部屋というのもあながちおかしなことではなかった。

とにかく明朝早いので、ゆっくり眠ろうと思っていたら、恵文が下痢止めを飲めと迫ってきた。私は薬がとても嫌いだった。下痢はつらいが、それよりも体に不自然なものを入れるのはもっと怖い気がする。私はどうしてもいらないと言った。すると彼女は突然、日本の歌を歌って、と言い出した。

いきなり何を言い出すのだ。

「日本の歌を聴かせて」と彼女は主張した。

なぜだ。なぜ歌うのか。下痢止めはどうなったのだ。

私は、嫌な予感がした。この人は、また入りはじめたのだ。彼女の頭の中は今、お花畑なのだ。そしてお花畑の向こうでは、私が白馬に乗ってパカパカ走り回っているのではないか。なんという痛ましさだ。なんで私が白馬に乗ってパカパカしなければいけないのか。

「明日早いから寝る」

私はそう言ってベッドに横になり、薄い毛布を被った。

しかし彼女は引き下がらない。

「どうして、日本の歌を聴かせてくれないの」

「眠い」

「下痢止めも飲まなきゃだめよ」

お、それも忘れたわけではなかったのか。するとお花畑の向こう側で、私は白馬に乗ってずっとパカパカ下痢しているのか。複雑な構図だ。

「薬を飲みなさい」

彼女は錠剤と、水の入ったコップを持って、私のベッドの方へやって来た。そしてそのまま私の口に錠剤を押し込もうとした。ほとんど眠る態勢に入っていた私を起こすための強硬手段だ。

「うう、いらないいらない」

私は首を振ってそれをかわそうとするが、彼女は私にのしかかり、動きを封じようとする。手を払いのけ、体を反転させて逃げようとすると、彼女はさらに強引に私を仰向けに直そうとする。おかしなことに、飲みなさい、嫌だ、飲みなさい、嫌だ、とやっているうちに、それがちょっと楽しくなってきた。私は、嫌だ嫌だとむずかることに甘い喜びのようなものさえ感じ始めていた。つまり、いつの間にか私たちはじゃれていたのだ。

恵文は私に完全にもたれかかり、ほとんどベッドの上で二人は重なっていた。ただ、薬を飲ませようとする女とそれを拒む男なのであるが、第三者が見れば、もうそういう状態ではないのは明らかだった。私は、もういい加減にしろというようなことを言いながら、彼女を抱き上げ、彼女のベッドの方へ運んだ。そのとき、

「ホワット、アーユー、ドゥーイン？」

と突然、恵文は言った。

「プレイング？」

まるで詰問するかのように、そう言って私を睨む。

な、何を言うか。いきなり態度が違うではないか。わ、わしが何をしたというのだ。まだ、何もしてないぞ。そもそも、最初にもたれてきたのはそっちの方ではないか。

それでも私は、無難に謝っておくのがよかろうと思って、

「ソーリー」

と言った。じゃれたりするんじゃなかったと深く反省した。結局、恥をかいてしまった。恥ずかしいから、もう今のことは忘れて眠ろう。

電灯を消して私は毛布を被ったが、恵文は憮然とした態度で自分のベッドの上に座っていた。まだ、何か言いたそうだったが、相手をしていてはこっちがもたない。

「眠れない。何か話をして」

無視だ。無視。

「ねえ、話をしてよ」

私はもう眠っているのだ。

すると彼女は、開き直ったように、

「ホワイ、ディッドュー、ホールミータイ？」と言った。

何だって？

「ホワイ、ディッドュー、ホールミータイ？」
ホ、ホールド・ミー・タイ……。
私はあいた口がふさがらなかった。

出た。ついに出てしまった。ついに悪魔の封印を解いてしまったのだ。お花畑の白馬の王子が竹内まりやか松田聖子か何かのメロディにのってパカパカ走り回っているのだ。気づかないうちに、状況はかなり末期的レベルまで進んでいた。

「プレイング？　イエス・オア・ノー？」

また、そんなこと言われても。

私は眠くて朦朧とした頭で、ここはどう切り抜けるべきか素早く計算していた。ここでイエスと断言してさっさと眠ってしまうことは可能だ。しかし、それでは彼女は拗ねてしまうに違いない。彼女が拗ねると面倒臭いことになりそうだった。ではノーと言うか。まさか、その方が大変だ。これは遊びじゃないということになり、お花畑に油を注ぐ、いや水をやることになってしまう。私は何も言いたくない。何も言わずに済ませられたら……。

だが恵文は執拗に答えを迫る。

「イエス・オア・ノー？」

「あ、いや……」

「イエス・オア・ノー？」

「メ、メイビー……、ノ、ノー」

な、何を言っておるのか、わしは。

彼女は堰が一気に切れたように、私のベッドに飛び込んで来た。私があっけにとられている間にも、彼女は何かいろいろ言っていたが、よくわからなかった。ただ、「アイ・ラブ・ユー」というのだけははっきり聞こえた。私は嵐のように蹂躙されながら、ただ逃げ口上だけ考えた。

何も断言してはいけない。何も言ってはいけない。

何度もキスされ、「アイ・ウォント・リーブ・ユー」とか「アイ・ワン・トゥービー・ウィズユー」とか言われているうちに、私はだんだん、それはそれなのではないか、と思い始めてきた。ここは何もじっと耐えていることはないのではないか、こういう場合、男のやることは一つなのではないか。そうだそうだ、若気の至りだ、やっちゃえやっちゃえ。言いわけは後で考えればいいのだ。

私は急に元気になって、今まで上になっていた彼女をねじ伏せ、自分が上になると彼女の胸に手を伸ばした。ところが、

「ノー」

といきなり冷静に彼女が言った。ノーと言われて引き下がっては男がすたる嫌よ嫌よもいいのうち、と思ったものの、ノーの言い方があまりに冷静だったので、私は恵

文の顔をまじまじと見つめ、その真意を測ろうとした。

「私、カトリックなの」

「カトリックだからどうしたというんだ」

「あなた、カトリックを知らないの？」

「ん？」

「あなた神を信じる？」

「へ？」

……。

うんこしたくなってきた。

シルクロードを去り鄭州までたどりついたわれわれ四人は、上海方面へ行く男性二人と、香港へ戻る私と恵文とに別れ、私と恵文はそのまま広州行きの列車にとび乗った。鄭州までは寝台がとれていたのだが、ここからは座席もない。二人は通路に座ることにした。もともと通路も混んでいて、座席の下の空間にまで人が寝ているほどである。通路に座ると、人がトイレに立つたびに立ち上がって退かなければならず、面倒臭い。恵文が、トイレの近くが広いと言うので行ってみたが、そこにも人はあふれており、かろうじて空いているのは、トイレの扉の前だけである。そこに座った。床が汚い。

それでも恵文は楽しそうだった。

「わたしあなたと結婚したいわ」と彼女は言った。

な、何を言い出すかと思えば。

「だめだよ。文化が違う。うまくいくわけがない」

と私はブロックする。どうして遠回しなことしか言えないのか。我ながらふがいないぞ。

「中国人は日本人より劣っているから?」

「??」

だから言わんこっちゃない。話が見当違いな方向へ進む。やはりここは、はっきり言わなければいけない。恵文はたたみかける。

「わたしがあなたの求めに応じなかったから怒ってるの?」

「愛してないんだ」と私は言った。ついに言ったった。これで一件落着だ。

「愛してないのにどうしてキスしたの?」

あちゃ。

「……いいわ、わたしのことは忘れて」

武漢で、洗面所の流しに座っていたおっさんが降り、私たちはそちらに移った。ちょうど流しが私の尻にぴったりで、そこに腰を落とすと妙に収まった。赤ん坊が母親に小便させてもらっているときの格好だ。体勢的には少しきつい。さっきのおっさんはこんな格好でいたのか。

同じく洗面所に座っていた別の薄汚れたおっさんが話しかけてきた。占い師だと言う。

おお、中国の占い師。なんだか深そうではないか。

さっそく、私を占ってくれ、と頼んでみた。

「うむ、お前は計謀がある」とおっさんは言い、紙に計謀と書いた。

計謀？　よくわからないが、字面からして頭がいいということではないか。さらにひょっとして素敵な好青年という意味もあるかもしれん。ふむ、さすが、中国四千年の占いだけのことはある。よくわかっているではないか。

恵文が「わたしは幸せになれるかしら」と聞いた。

「とても幸せになる」

恵文は喜んだ。

「私は？」

「そうだな、彼女ほどは幸せになれんな」

なんだ、そうなのか。

私は納得した。それはそのまま、今回の恵文の無垢さと私の狡さを象徴しているように思えた。私は曖昧な態度で恵文に接し、その結果彼女をその気にさせてしまった。狡い私は幸せになれないのだ。深く反省しなければいけない。

そう思うと、計謀という言葉も違った意味のような気がしてきた。それは頭がいいというようなことではなく、何か狡いこと考えてるだろ、と指摘されたのではないか。〝謀〟は、陰謀の〝謀〟だ。ううむ、深い。深すぎる。さすが中国四千年の占いだ。

「わしは何でもわかる」とおっさんは言った。

「おまえの年は二十二だ」

違うぞ。

「彼女は十八」

恵文は二十三だ。

「どうだ、当たったろう。かっかっか」

反省して損した。

香港で、三日過ごした。三日間ずっと恵文と一緒にいた。

夜になると決まって香港島中環近くの埠頭へ行った。そこは海越しに九龍半島の夜景を眺めながらあちこちで恋人たちが抱き合っている場所だ。二人は何もせず、ただ並んで座っていた。

「日本の歌を聴かせて」と恵文は言った。

何を言うんだ、恵文。この期に及んで。わしは花畑パカパカ王子ではないと言ってるだろうが。

「恥ずかしいから嫌だ」と私は言った。

「日本に行きたい」

「………」

最後の夜、恵文を家まで送りとどけてホテルに戻ると、深夜に電話がかかってきた。

「なんだ、さっき、さよならしたばっかりじゃないか」と私はさとすように電話に出た。

「日本の歌、歌って」

何を言っているんだ。目覚めよ恵文。

「お願い……」

「……」

私は電話ごしに歌った。

何の歌だったか覚えているけど、恥ずかしいから題名は言わない。

文庫版あとがき

この本は私のデビュー作で、単行本として出版したのは一九九五年、書いたのはさらにその一、二年前である。自費出版だった。やがてこのあまりに深く偉大な単行本が蔵前仁一氏の目にとまり、雑誌『旅行人』に連載をもらって、ライターとしてのスタートを切った。さらに類希なる崇高さが小学館尾崎氏、島本氏の目にもとまって、文庫になった次第である。文庫化にあたっては、多くの方から、いいかげんにしたらどうか、馬鹿なんじゃないか、馬鹿に違いないなどの心温まる声援をいただき、誠に感無量であった。

また、単行本を出版したあと、アジア悶絶編以外もあるのかと、あったら買ってくれそうな感じの質問を、多くの読者、いや何人かの読者、というか二、三の親戚からいただいたが、アジア悶絶編以外はまだない。が、気持ちとしては、南米激情編、ヨーロッパ風雲編、広島死闘編などというふうに書き続けていきたいと思っている。

それにしても執筆当時、これが文庫になるとは思いもよらなかったのである。そのうえサラリーマンである自分が会社を辞めてライターになるとは。世の中わからないものだ。この調子でいくと、二十一世紀には私がバリバリの映画俳優になっている可能性もないとは言い切れない。あるいはオリンピックで金メダルを取ってるかもしれないし、意外なところで宇宙飛行士として火星に着陸という線もある。いずれにしても未来は明るい。私の幸運を祈る。

一九九八年新春

宮田珠己

またしても文庫版あとがき

このたび、私の処女作であるこの本がちくま文庫に収録されることになり、あらためて読み直したところ、実に恥ずかしかった。だいたい自分の本なんて何だって恥ずかしいものだが、これはとりわけ青臭くて、こっ恥ずかしい。内容も文体も。よくもこんなふざけた本を出したものだ。これを書いていたのは二十代の終わりの頃で、若気の至りとはまさにこの本のことを言うのであろう。そんなわけで読み終えた今、顔から火の出る思いなんだけれども、私がこの本でデビューしたのは事実であって、これはこれで思い出深い。思い出深くて、恥ずかしい。なんとも複雑な気分である。

ちくま文庫から、収録にあたって、直す部分、付け足すことなどはないか確認されたが、ことここに至ってはもはや修復は不可能というか、アホは治らないというか取り返しがつかないというか、今さら手の施しようがなかったというのが正直なところである。なので、ほぼそのまんま出してしまうことにした。さらにはっきり言うならば、直すの面倒くさかった。あとは野となれ山となれ。

この本は自分の最初の本というほかに、もうひとつ思い出深いことがある。自費出版だったこの本が最初に小学館文庫になったとき、あるご夫婦の読者の方からはがきをいただいた。そこには、書いた私には、まったく想定外の感想が記されていた。もちろん手紙やはがきは他にもいろいろ届いており、大半は、笑った、面白かった、なかには、はしゃぎすぎ、といった感想もあったりして、見知らぬ人から自分の書いたものを評されるなど初めての経験だった私は、そのたびに一喜一憂していたのだけれど、そのはがきだけは、まったく違う感想が書かれていたのである。

ご夫婦は、まだ若いお子さんを亡くされて、深い悲しみに沈んでいたが、ようやく気持ちも落ち着いてきた頃、この本を読み、やっと少しだけ笑うことができた、ありがとうございますと、そこには感謝の言葉が記されていたのである。

驚いた。

えっ、この本が？

そのあまりに意外な感想に、私は不意を突かれ、そんなたいしたもんじゃないのに、と後ずさりしたい気分だった。それから、畏れ多いと感じた。別の本の間違いじゃないかとも思った。そして最後に、身が引き締まった。

書くってことは大変なことだと悟ったといえば大袈裟か。いや、大袈裟でないだろう。誰がどんなふうに読むか、書き手の想定を超えたことが起こってしまうからである。

はがきに何か返事を出そうとしたものの、何も書けなかった。書けば、ボロが出て、せっかく一時的にでも癒されたそのご夫婦の、かすかな心の安寧をふいにしてしまうのではないか。自分は知らず知らず不用意なひとことを書いてしまうのではないか。私は悩んだ。そうして逡巡した挙句、結局返事を出さなかった。

けれども、その一通のはがきは強烈なインパクトをもって心に残り、後になって、それだけでこの本を書いた意味があったと、うれしい気持ちがじわじわ滲んできた。

同時に、世間を斜めに見て、アナーキーな気分で文章を書いていた自分が、恥ずかしくも思えたのだった。ちゃんと書かなければだめですよ、と戒められたような気がしたのだ。

そうしてこのたった一通のはがきは、その後の私の書くものすべてに影響を及ぼしたと言っても過言ではないんだけれども、なんだか私はいま美談のようなものを書いているのではないか。このアホな本のあとがきに、こんな話は場違いなんじゃないか。それとも自慢？　書いてるうちに、いい気になるなよ、という内なる声が大きくなってきたので、唐突に話は変わるが、鼻毛オヤジと仮に呼ばれる（というか自分で呼んでいる）表紙のイラストは、いったい何者なのか、本の内容と何か関係があるのか、そしてモデルは自分なのか、という質問をたまに受けるので、この場を借りてお答えします。

テキトーです。以上。

ちくま文庫はなんとなく知的で、学術的といってもいいイメージがあるのに、こんな本をラインナップに紛れ込ませて大丈夫なのであろうかという、その点を私は少々心配している。私のせいで、これまで築きあげてきたちくま文庫のイメージが台無しになったりしないだろうか。

という点が少し気にならなくもないのだけれども、まあしかし、そんなのは私の知ったことではないのであって、編集の鎌田さんはじめ、小学館尾崎さんほか、この本を出版するにあたってご尽力いただいたすべての皆さんに感謝します。

宮田珠己

解説　いでよ！　タマキング

蔵前仁一

度肝を抜かれる旅行記である。こんな旅行記があっていいものか、とも思う。

僕が、この宮田珠己氏の『旅の理不尽～アジア悶絶編』とめぐりあったのは、一九九六年のことであった。書店で発見したわけではなく、本人が僕のところへ送ってくれたのだ。

実は、『旅行人』という旅行雑誌を編集・発行している事情から、僕のところには毎月何冊もの旅行記が送られてくる。ちゃんとした出版社から出版された旅行記もあれば、手書き・ワープロ原稿までさまざまだが、そのすべてを読み通すことなどとうてい不可能であり、いつもすまんすまんといいながら棚に積み上げたままになっている。

その中にあって、この本は実に異様な雰囲気を醸し出していた。まず、旅行記だというのに、表紙の真ん中に鼻毛をはやしたオヤジの顔が描いてある。なんか嫌な感じである。普通は、タイの寺の写真とか、アフリカのサバンナの写真とか、そういった旅先の写真が載っているものだ。それが鼻毛をはやしたオヤジの顔だ。なんだこれは、という感じであった。

ふだんなら、こんなものは後回しにして他のものを読もう、ということになるはずなのだが、そのとき帯のコピーが目にとまった。

「旅は、ひと筋縄では、いかないものだ」

なるほど、ではないか。確かにそうだよな。

さらに帯はいう。

「私は、名もない一介の素敵なサラリーマンに過ぎない。この本は、私が夏期休暇などのほか、会社員として当然の権利である有給休暇を取得したり、その他当然じゃない権利もいろいろ取得したりして出掛けた旅の記録である。（本文より）」

ふざけた奴である。

こういうふざけたコピーを書く奴は大好きである。これは読まねばならん。僕はそうやって寝床に入ってこの本をめくりはじめたのであった。

そうしたら、もうとまらなかった。あっけなく読み終わってしまった。もう終わってしまったのか。もっと読みたい！

この本は宮田珠己氏の初めての本で、しかも自費出版だという。とすると、彼の作品はこれしかないわけだ。あとはどこを探しても読むことはできない。ああ、どうしたらいいんだ。

そこで僕は考えた。

うちで書かせれば毎月読める。

かなり安易な編集長ではあるのだが、この本をめくってから三時間後には、宮田珠己の連載が決定していたというわけなのだった。

もちろんそれも宮田氏が連載を受けてくれればの話なのだが、結論からいえば彼は快諾してくれ、「社員の星」のちに「タマキング」という連載がわが雑誌『旅行人』でスタートしたのである。

しかも、彼はその後またもや東南アジアをめぐる旅へと出発し、『東南アジア四次元日記』という第二弾を書き下ろすに至ったのだが、この『旅の理不尽』をすでに読み終えた読者は、僕の衝動的連載案を理解していただけることと思う。

僕はかつてこんな変な海外旅行記など読んだことがない。文庫版では直っているだろうから、わざわざばらすのも酷だと思うのでばらしてしまうが、だいたいこの親本ではベトナムの首都名さえ間違えていたのである。これが他の旅行記だったら、この馬鹿者！　と怒って本を放り投げヘッドロックにかけるところである。しかし、この本はそれさえ許せる。どころか、こいつ（宮田珠己）はわざとやってるんじゃないか？　と疑わせるほど「変」なのだ。

これまでの海外旅行記が、海外の真実の姿をとらえ、それを真摯な姿勢で伝えなければならないという「使命」を帯びていたのに比べ、この『旅の理不尽』はそのようなところからやすやすと解き放たれている、というか無視している。

もちろん見聞録型の旅行記は今でも重要だし、なくてはならないものだが、そればっかりじゃ肩がこる。肩がこるだけならまだいいほうで、やたらとアジアの人々を善人扱いする困った旅行記もある。私が出会ったアジアの人々は、親切で正直でやさしい素晴らしい人ばかりだったというタイプのものだ。こういうのを読むと、ま、君はそうだっただろうけどさ、俺なんかぼられてばっかりだったぜ、と毒づきたくなるのである。

さらに厄介なのは、テレビの海外ルポ物などで、タレントのレポーターが目を潤ませながら「アジアの子どもたちは目が輝いていますぅ」だの「日本人が失った笑顔をしていますぅ」だの「彼らの暮らしは貧しくても心は豊かなのですぅ」だのいうあれだ。

嘘をつけ、と思うのである。「日本人が失った笑顔」って何なのだ？　そりゃ文化が違えば日本人と違ったところで笑ったりすることはあるだろう。だけど人が愛想よく笑ってるところだけ見て、都合よく「日本人が失った笑顔」などといわれても納得できるか。それじゃアジアの金持ちの笑顔は醜いのか？　日本人は笑顔を失った顔面神経痛なのか？

このような手合いは「暮らしが貧しい＝心は豊か」という古典的法則を今でも単純に信奉しているのではないか。世の中そんなに簡単なら誰も苦労はしない。江口寿史の漫画を読めばそれぐらいのことは誰でもわかるので、こちらも参考になさるとよい。結局、どうしようもないステロタイプな台本を読んでいるだけだから、そんなものを聞いているほうは気が滅入ってくるし、こいつは本当はアジアのことなど何も知らないんではないかと思ってしまうのである。そのことのほうがよほど地元の人に対して無礼なふるまいであると僕は思う。

そのような状況の中、宮田珠己がさっそうと居眠りをしながら登場した。

彼はこの『旅の理不尽』で、そのような物言いがいかにばかばかしいものであるかを明らかにし、ことごとく粉砕してくれたのである。粉砕しすぎて原型をとどめないものもあるのがさすが宮田珠己である。原稿に手を入れるふりをしながら居眠りをするだけのことはある。

いったい彼の書いたことをどこまで信じたらいいのか？　と戸惑いを覚えられる読者がもしいらっしゃるなら、「信じるものはすくい投げ」である、と宮田珠己は書いているが、ほとんど「真実」である。

つまり、本当にあったことしか彼は書いていない。スリランカでぼられたのも、インドでだまされたのも、死海で肛門が痛くなったのも本当の話である。

したがって、もし読者の中で海外旅行の経験がなく、この本の中に書いてあるようなことが実際に起きるとは信じられないと思うならば、すくい投げされるであろう。これらのことは本当によく起きることであり、旅行者ならこういった体験のひとつやふたつはあるものなのである。

しかし、スリランカで二千ルピーも払った旅行者はなかなかいないだろう。宮田珠己氏の誠実な人柄を偲ばせるエピソードであり、多くの読者に笑っていただきたいものである。

ただ問題なのは、宮田珠己の外見が本当に「好青年」であるという点である。本来なら彼はそのような姿をしているべきではないのではないか、洒落にならんではないかと思うのであるが、それは本人の責任ではなく親の責任なのでしょうがない。イメージを大切にする宮田珠己のことであるので、彼は秘密のままその姿を世に現さないかもしれない。残念である。代わりに僕が出てやってもいい。

書けば書くほど宮田珠己が文章に乗り移ってしまうので、もうここらでキーボードから離れることにする。彼が今後どのような旅行記、あるいは別なジャンルの作品を書いてくれるのか、実に楽しみである。

自費出版のデビュー作が、あろうことか小学館のような大手出版社の文庫になるといった、まれに見る運の強さを発揮した宮田珠己氏であるが、運の強さも実力のうちである。これ以上運を使い果たすと旅先でろくなことが起きないかもしれないので、ぼちぼちと仕事をするようにして、うちの原稿を早めに書いておくように。原稿料はなるべく安いほうがよいだろう。君の旅の安全のためにも。

（くらまえ・じんいち　『旅行人』編集長）

またしても解説　謎の作家生活を継続中

蔵前仁一

本書が単行本として世に出てから、すでに十五年がたつ。その後、文庫化され、さらにこのたび再文庫化されるという息の長い本になった。普通の旅行記なら、書いてあることが古びてしまうので、なかなか再文庫化はむずかしいのだが、この『旅の理不尽』は、そのようなこととはまったく関係ない偉大な旅行記である。ぼくもまさかもう一度ここに書かせていただくことになろうとは思ってもいなかった。久しぶりに読み返すと、またげらげらと笑い転げてしまったが、むしろ問題なのは、以前に読んだのにほとんど忘れてしまっている僕の記憶力のほうだ。

自費出版のデビュー作だった本書が、二度も大手出版社の文庫になったのは、もちろん幸運と実力を併せ持っていたからだが、その後宮田珠己氏は実力をいかんなく発揮して、数々の本を出版し続けてきた。『東南アジア四次元日記』（旅行人刊、のちに文春文庫PLUS）『わたしの旅に何をする。』（旅行人刊、のちに幻冬舎文庫）、『52％調子のいい旅』(旅行人刊、のちに幻冬舎から『ときどき意味もなくずんずん歩く』と改題して文庫化)は、宮田珠己氏の旅行記ファンには見逃せない作品群である。

ここまではいわゆる旅行記なので、本書で初めて宮田珠己を知った方も納得していただけるだろう。だが、それからの宮田さんは、常人にはうかがい知れない幅の広さを発揮する。『ウはウミウシのウ』(小学館刊、のちに白水Uブックス)、『ジェットコースターにもほどがある』(小学館)、『晴れた日は巨大仏を見に』(白水社刊、のちに幻冬舎文庫)、『ふしぎ盆栽ホンノンボ』(ポプラ社)、『ポチ迷路』(幻冬舎)と続くと、いったい何の本なのか、にわかには理解できない世界へと突入していく。すでに宮田さんは旅行作家を飛び越え、ときにはウミウシ愛好家となり、またあるときはジェットコースター評論家と呼ばれ(それでテレビに出演した)、さらには巨大仏専門家とも、はたまたホンノンボ批評家とも呼ばれ、ついには迷路製作作家にまでのぼりつめ、わけがわからない謎の作家となってしまったのである。噂によると、次は「石の本」を書く予定でいるらしい。ますますわけがわからないが、本人もそれについては謎だといっていた。

それでも、宮田珠己ファン(通称タマキンガー)は、彼の新刊をよだれを垂らしながら買い求め、涙を流しながら笑い転げて読み続けているのである。宮田さんが書くのなら、ジェットコースターだろうが盆栽だろうがかまわないのだ。さすがに迷路はめんどくさいという人もいるようだが、宮田さんは文字ではなく迷路で何かを表現したかったらしい(謎である)。

なぜ宮田さんの文章は、かくもファンの心を惹きつけてやまないのだろう。もちろん、そのギャグのセンスが卓越していることが大きいだろうが、それだけではない。

例えば、『ウはウミウシのウ』は、「シュノーケリング偏愛旅行記」というサブタイトルが付いているが、シュノーケリングをしながら変な形のウミウシや海の生きものを観察するという内容になっている。そう聞くと、現代では即エコロジーが登場し、かけがえのない自然を守ろうという本なのじゃないかと考える。ところが、この本は次の文章から始まる。

「この本の収益の一部を、かけがえのない世界の海とそこに棲む生きものたちを、わたしが見に行くために捧げたい」

エコロジーをすくい投げ。

それでは、この本を読めば、ウミウシについて何かわかるのかというと、これがまた全然わからない。宮田さんは、次のように書く。

「この本は、ただわたしが海へ行ってシュノーケリングで海の生きものを見てまわった旅の記録であって、この本を読んでも、読者は生きものの生態について何の理解も深まらない」

ただウミウシおよび海の生きものの形が変だということが述べられるのだ。

それだけで一冊の本を書くというのは、逆にいうと至難の業だが、それでは、宮田さんは、なぜ「生きものの生態」について何も語ろうとしないのだろう。

巨大仏を見物に行く『晴れた日は巨大仏を見に』は、巨大な仏像の唐突さに圧倒されたことから始まる探訪記だが、宮田さんの巨大仏の定義は「ウルトラマンよりデカいということが一応の目安」だという。それは四十メートル以上ということになるらしい。

もちろん宮田さんは信仰心から仏像巡りを行ったわけではなく、「そんなデカいものが人間の形をしていて、風景の中に紛れ込んでいるという、強引な味わいを求めてきた」のが、その動機となっている。宮田さんにとって、大仏の背景にある物語や意味は、大仏を鑑賞するのに、かえって邪魔になるようだ。次のように書いている。

「巨大仏なんて無意味だけど、無意味で全然いい。その無意味さこそを肯定しようというぐらいの力の抜けた態度で、風景に向かうのである」

無意味さこそを肯定することは、「理念や物語を背負わせたりすることなく」「ただその『物』自体を見て、直接何かを感じ」ることなのだと宮田さんは書く。ウミウシの生態を詳しく知ることで美しいと感じるのではなく、ウミウシ自体から直接何かを感じたいということなのだろう。

こういう姿勢は、デビュー作である本書からすでに始まっている。この旅行記が十五年たった今読んでも古さを感じないのは、旅の意味や意義などといった一般的なルールからことごとく逸脱しているからだろう。

宮田さんは、その後結婚し、子どもも生まれ、謎の作家生活を継続中である。その話は『スットコランド日記』(本の雑誌社刊)に詳しい。ファンはぜひご覧いただきたい。

宮田さんがこれから何に興味を持ち、それをどのように書いてくれるのか、多くのファンと同様、僕も心待ちにしているが、宮田さんが書く「石の本」、読みたいですねえ。ほんとに意味なんてなさそう。

本書は一九九五年十一月に新風舎より刊行され、
一九九八年二月、小学館文庫に収録された。
底本には小学館文庫版を使用した。

大阪 下町酒場列伝　井上理津子

夏はビールに刺身。冬は焼酎お湯割りにおでん。呑ん兵衛たちの喧騒の中に、ホッとする瞬間を求めて、歩きまわって捜した個性的な店の数々。

はじまりは大阪にあり　井上理津子

えっ！ これもあれも大阪から生まれたのか。回転ずし、ビアガーデン、自動車学校などを創造したアイディアと人間模様の面白さを描く。

青春の東京地図　泉　麻人

昭和30年代に遊んだ東京の原っぱ。一九七〇年代六本木のディスコ。ナンパした新宿。地図やイラストとともにたどる。（南伸坊）

人生相談万事OK！　伊藤比呂美

恋、結婚、子育て、仕事……体験豊富な著者が答える笑って元気になれる人生相談。文庫版付録として著者が著者自身の悩みに答える。（枝元なほみ）

俺様の宝石さ　浮《うき》谷《や》東《とう》次《じ》郎《ろう》

23歳で鈴鹿に散った、伝説の天才レーサーがのこしたアメリカ青春放浪記。高校3年で単身渡米。大陸を東次郎のバイクが疾走する。（関川夏央）

がむしゃら1500キロ　浮《うき》谷《や》東《とう》次《じ》郎《ろう》

炎天下、15歳の少年がひとり50ccバイクで旅に出た……。思春期まっただ中で記された心と行動の記録。日記と手紙も併収。（泉優二）

阿房列車　――内田百閒集成1　内田百閒

「なんにも用事がないけれど、汽車に乗って大阪へ行って来ようと思う」。上質のユーモアに包まれた、紀行文学の傑作。（和田忠彦）

湖のそばで暮らす　M・ウィルキンス　蓮尾純子／東馨子訳

アウトドアライフとハンドクラフトの豊富な知識と経験が詰め込まれたエピソード集。LOHASの原点がここにある。（遠藤ケイ）

熊を殺すと雨が降る　遠藤ケイ

山で生きるには、自然についての知識を磨き、己れの技量を謙虚に見極めねばならない。山村に暮らす人びとの生業、猟法、川漁を克明に描く。

裸の大将一代記　小沢信男

「裸の大将」の愛称で知られる山下清。昭和の時代を自由に生きた大放浪画家の実像に迫る渾身の評伝。第4回桑原武夫学芸賞受賞。（鶴見俊輔）

下町酒場巡礼　大川渉／平岡海人／宮前栄

木の丸いす、黒光りした柱や天井など、昔のままの裏町場末の居酒屋。魅力的な主人やおかみさんのいる個性ある酒場の探訪記録。（種村季弘）

下町酒場巡礼　もう一杯　大川渉／平岡海人／宮前栄

酒が好き、人が好き、そして町が好きな三人が探しあて、訪れた露地裏の酒場たち。旨くて安くて心地よく酔える店、四十二店。（出久根達郎）

東京オブジェ　大川渉

町を歩けば意外な人の歴史が見つかる。一葉の井戸、ホームラン地蔵など、大事件からスポーツまで、忘れられた歴史が刻まれた物体を探索する。

ぼくの浅草案内　小沢昭一

当代随一浅草通・小沢昭一による、浅草とその周辺の街案内。歴史と人情と芸能の匂い色濃く漂う街を限りない郷愁をこめて描く。（坪内祐三）

珍奇絶倫　小沢大写真館　小沢昭一

小沢昭一による写文集。特殊浴場、ストリップ、赤線など、昭和の「色」の世界を徹底して撮り、かつ取材した貴重な記録。（立木義浩）

駅前旅館に泊まるローカル線の旅　大穂耕一郎

勝手気ままなブラリ旅。その土地の人情にふれ、生活を身近に感じさせてくれるのが駅前旅館。さあ、あなたもローカル線に乗って出かけよう！

中央線で行く東京横断ホッピーマラソン　大竹聡

東京～高尾、高尾～仙川間各駅の店でホッピーを飲む！　文庫化にあたり、仙川～新宿間を飲み書き下ろし、各店データを収録。（なぎら健壱）

私の東京町歩き　川本三郎　武田花 写真

佃島、人形町、門前仲町、堀切、千住、日暮里……。路地から路地へ、ひとりひそかに彷徨って町を味わう散歩エッセイ。

わたしは驢馬に乗って下着をうりにゆきたい　鴨居羊子

新聞記者から下着デザイナーへ。斬新で夢のある下着を世に送り出し、下着ブームを巻き起こした女性起業家の悲喜こもごも。（近代ナリコ）

大正時代の身の上相談　カタログハウス編

他人の悩みはいつの世も蜜の味。大正時代の新聞紙上で１２９人が相談した、あきれた悩み、深刻な悩みが時代を映し出す。（小谷野敦）

赤線跡を歩く　木村聡

戦後まもなく特殊飲食店街として形成された赤線地帯。その後十余年、都市空間を彩ったその宝石のような建築物と街並みの今を記録した写真集。

花の大江戸風俗案内　菊地ひと美

時代小説や歌舞伎をより深く味わうために必携の一冊。江戸の廓遊びから衣装・髪型・季節の風俗を美しいイラストと文章で紹介。文庫オリジナル。

ねにもつタイプ　岸本佐知子

何となく気になることにこだわる、ねにもつ。思索、奇想、妄想とはばたく脳内ワールドをリズミカルな名文でつづるショートショート。

「マグロ争奪戦」の舞台裏　軍司貞則

09年秋、マグロ業界に大きな影響を与える国際交渉が始まり、日本の食卓が変わる。複雑なビジネスの仕組みを整理し、その深層を解き明かす。

考現学入門　今和次郎　藤森照信編

震災復興後の東京で、都市や風俗への観察・採集からはじまった〈考現学〉。その雑学の楽しさを満載し、新編集でここに再現。（藤森照信）

クラクラ日記　坂口三千代

戦後文壇を華やかに彩った無頼派の雄・坂口安吾との、嵐のような生活を妻の座から愛と悲しみをもって描く回想記。巻末エッセイ＝松本清張

間取りの手帖 remix　佐藤和歌子

世の中にこんな奇妙な部屋が存在するとは！　間取りと一言コメント。文庫化に当たり、間取りとコラムを追加し著者自身が再編集。（南伸坊）

外人術　佐藤亜紀

外国で友達を作ろうと思うな、美術館になぞ行く必要はない……海外旅行の常識を斬り捨てる、佐藤亜紀流優雅な旅の手引書。（高遠弘美）

ウルトラマンの東京　実相寺昭雄

高度成長のさなかに誕生したウルトラマンと怪獣たち。作品のロケ地をたどりながら、失われた昭和の東京の風景をさがし歩く。（泉麻人）

聞き書き にっぽんの漁師　塩野米松

北海道から沖縄まで、漁師の生活を訪ねて歩いた珠玉の聞き書き。テクノロジーの導入で失われる伝統の技、資源の枯渇……漁業の現状と未来。

北欧の旅　カレル・チャペック旅行記コレクション　カレル・チャペック　飯島周 編訳

そこには森とフィヨルドと牛と素朴な人々の暮らしがあった。デンマーク、ノルウェー、スウェーデンを鉄道と船でゆったりと旅した記録。本邦初訳。

旅好き、もの好き、暮らし好き　津田晴美

旅で得たものを生活に生かす。風景の中に「好き」を見つける。インテリアプランナーの視点から綴る、旅で見出す生活の精神。（沢野ひとし）

ROADSIDE JAPAN 珍日本紀行 東日本編　都築響一

秘宝館、意味不明の資料館、テーマパーク……。路傍の奇跡ともいうべき全国の珍スポットを走り抜ける旅のガイド、東日本編一七六物件。

ROADSIDE JAPAN 珍日本紀行 西日本編　都築響一

蠟人形館、怪しい宗教スポット、町おこしの苦肉の策が生んだ妙な博物館。日本の、本当の秘境は君のすぐそばにある！　西日本編一六五物件。

TOKYO STYLE　都築響一

小さい部屋が、わが宇宙。ごちゃごちゃと、しかし快適に暮らす、僕らの本当のトウキョウ・スタイルはこんなものだ！　話題の写真集文庫化！

賃貸宇宙 UNIVERSE for RENT（上）　都築響一

『TOKYO STYLE』の著者がその後九年をかけて取材した「大したことない人たち」の大したライフスタイル。上下巻テーマ別三百物件。

賃貸宇宙 UNIVERSE for RENT（下）　都築響一

「向上心」など持たないままに、実に楽しく居心地よく暮らす人たち。持ち家という名の首輪から解き放たれた、狭くて広い宇宙がここにある!!

珍世界紀行 ヨーロッパ編 ROADSIDE EUROPE　都築響一

信仰、性愛、拷問、病理……取材一〇年、ヨーロッパ的感性の地下水脈を探して、九九箇所を踏破した珍名所巡礼の記録。

夜露死苦現代詩　都築響一

寝たきり老人の独語、死刑囚の俳句、エロサイトのコピー……誰も文学と思わないのに、一番僕たちをドキドキさせる言葉をめぐる旅。増補版。

東京酒場漂流記　なぎら健壱

異色のフォーク・シンガーが達意の文章で綴るおかしくも哀しい酒場めぐり。薄暮の酒場に集う人々との無言の会話、酒、肴。（高田文夫）

東京の江戸を遊ぶ　なぎら健壱
江戸の残り香消えゆくばかりの現代・東京。異才なぎら健壱が、千社札貼り、猪牙舟、町めぐり等々、江戸の「遊び」に挑む！（いとうせいこう）

アフガニスタンの診療所から　中村哲
戦争、宗教対立、難民。アフガニスタン、パキスタンでハンセン病治療、農村医療に力を尽くす医師と支援団体の活動。（阿部謹也）

野生の哲学　永沢哲
野口整体の創始者、野口晴哉の思想、実践、生涯を、チベット仏教、荘子、フーコー等、東洋西洋の哲学、思想を縦横無尽に操って読み解く。

殺人現場を歩く　蜂巣敦　山本真人
社会を震撼させた事件現場で、その時何が起こったか。彼らの凶行と私たちの日常の接点とは。写真とルポで事件のリアリティに迫る。（角田光代）

酒場百選　浜田信郎
トロトロな金目煮付け、ヘルシーもつ焼き、熱々おでんに湯豆腐……。美味い肴に旨い酒。飲んで食べて語らえる、東京の名店ガイド。（吉田類）

ハワイ島アロハ通信　平野恵理子
ハワイの魅力は日常にあり。ヒロの街並み、アメリカンな看板、パッケージ、車、あふれる自然……すぐに旅したくなる。（山内雄喜）

建築探偵の冒険・東京篇　藤森照信
街を歩きまわり、古い建物、変った建物を発見し調査する〝東京建築探偵団〟の主唱者による、建築をめぐる不思議で面白い話の数々。（山下洋輔）

アール・デコの館　増田彰久写真　藤森照信
白金迎賓館（旧朝香宮邸）は、アール・デコの造形にあふれている！　それに魅せられた二人が案内する、稀代のアール・デコの館。（赤瀬川隼）

ローカル線各駅下車の旅　松尾定行
ほんとうに贅沢な旅は、広い日本をのんびりローカル線で各駅下車をしながら、駅前、駅近、駅の中に自分だけの楽しみを見つけることなのです。

エロ街道をゆく　松沢呉一
セックスのすべてを知りたい。SMクラブ、投稿雑誌編集部、アダルト・ショップなどエロ最前線レポート。欲望の深奥を探り、性の本質に迫る。

日本の村・海をひらいた人々　宮本常一

民俗学者宮本常一が、日本の山村と海、それぞれに暮らす人々の、生活の知恵と工夫をまとめた貴重な記録。フィールドワークの原点。（松山巖）

いやげ物　みうらじゅん

水で濡らすと裸が現われる湯呑み。着ると恥ずかしい地名入Tシャツ。かわいいが変な人形。抱腹絶倒土産物、全カラー。（いとうせいこう）

ビール世界史紀行　村上満

ビール造りの第一人者がたどるビールの歴史。メソポタミアでの発祥から修道院でのビール造り、日本への伝来まで。ビール好き必携の一冊。

大阪不案内　森まゆみ・文　太田順一・写真

目を凝らし、耳を傾けて見つけた大阪の奥深い魅力。大阪には不案内の森まゆみ、知り尽くした写真家太田順一、二人の視線が捉えた大阪とは？

東京ひがし案内　森まゆみ文　内澤旬子イラスト

庭園、建築、旨い食べ物といっても東京の東地区は年季が入っている。日暮里、三河島、三ノ輪など38箇所を緻密なイラストと地図でご案内。

ヨーロッパぶらりぶらり　山下清

「パンツをはかない男の像はにが手」「人魚のおしりは人間か魚かわからない」。〝裸の大将〟の眼に映ったヨーロッパは？　細密画入り。（赤瀬川原平）

日本ぶらりぶらり　山下清

坊主頭に半ズボン、リュックを背負い日本各地の旅に出た〝裸の大将〟が見聞きするものは不思議なことばかり。スケッチ多数。（壽岳章子）

「長寿食」世界探検記　家森幸男

病気にならない「長寿食」とは？　ＷＨＯ（世界保健機関）の専門委員として、著者が世界61カ所で調査した結果は？　健康のための食材満載！

美麗島まで　与那原恵

著者の家族の足跡をたどる旅は、日本、沖縄、台湾の近代史と重なり、国と国の狭間で生きた沖縄人たちの姿を浮き彫りにする。（新城和博）

B級グルメ　この町が美味《うま》い！　田沢竜次

元祖B級グルメライターが、東京の町30ヵ所を中心に名古屋、那覇までうまい店をご案内。官庁街や下町〜東京西部、観光名所も。絵＝桑田乃梨子

ちくま文庫

旅《たび》の理《り》不《ふ》尽《じん》——アジア悶《もん》絶《ぜつ》篇《へん》

二〇一〇年五月十日　第一刷発行

著　者　宮田珠己（みやた・たまき）
発行者　菊池明郎
発行所　株式会社　筑摩書房
東京都台東区蔵前二—五—三　〒一一一—八七五五
振替〇〇一六〇—八—四一二三
装幀者　安野光雅
印刷所　明和印刷株式会社
製本所　株式会社積信堂

乱丁・落丁本の場合は、左記宛に御送付下さい。
送料小社負担でお取り替えいたします。
ご注文・お問い合わせも左記へお願いします。
筑摩書房サービスセンター
埼玉県さいたま市北区櫛引町二—六〇四　〒三三一—八五〇七
電話番号　〇四八—六五一—〇〇五三

ISBN978-4-480-42709-0 C0195